Silas Henderson & Linus Mundy

Und plötzlich bist du nicht mehr da

Linus Mundy & Silas Henderson

Und plötzlich bist du nicht mehr da

Trost und Hoffnung nach dem Tod des Partners

Aus dem Amerikanischen von Manfred Miethe

SILBERSCHNUR VERLAG

ISBN: 978-3-89845-442-1

1. Auflage 2014
2. Auflage 2022

Übersetzung: Manfred Miethe
Gestaltung & Satz: XPresentation, Güllesheim; unter Verwendung verschiedener Motive von © Ozerina Anna, www.shutterstock.de
Umschlaggestaltung: XPresentation, Güllesheim; unter Verwendung eines Motivs von © llaszlo, www.shutterstock.de
Druck: Finidr, s.r.o. Cesky Tesin

Verlag »Die Silberschnur« GmbH · Steinstr. 1 · 56593 Güllesheim
www.silberschnur.de · E-Mail: info@silberschnur.de

Inhalt

Einführung

Im Lauf der Jahre haben wir Hunderte von trostspendenden Ratgeberbüchlein zu verschiedenen Themenbereichen veröffentlicht, von denen einige sehr spezifisch und andere eher allgemein gehalten waren. Die vorherrschenden Themen waren seelische und körperliche Pein und Leiden im Allgemeinen. Ein Thema erfuhr aber beständig die größte Nachfrage: der Tod eines Partners.

Das mag wohl daran liegen, der der Verlust eines Partners – unseres Seelengefährten – von uns die Mobilisierung all unserer Kräfte erfordert. Zudem erfordert ein solcher Verlust die Hilfe und Weisheit anderer Menschen, die ebenfalls einen solchen Schmerz erlebt haben. Neun Essays dieser Art finden Sie in diesem Büchlein.

»Ich wusste, dass mein Leben nie wieder wie vorher sein würde«, schrieb mir eine Freundin und Kollegin nach dem Tod ihres Mannes. »Aber ich wusste nicht, dass es irgendwie doch wieder ganz okay sein könnte.« Möge Ihnen dieses kleine Buch ein hilfreicher Führer zurück zur Normalität sein, zurück zu »ganz okay«.

Linus Mundy
Autor der Care Notes

Kapitel 1

Nach dem Tod des Partners wieder ins Leben finden

von Erin Diehl

»Erin! Hilf mir, hilf mir! Ich glaube, ich sterbe«, schrie Dave. Und dann war er nicht mehr da. Erst drei Monate zuvor war bei ihm Lungenkrebs im fortgeschrittenen Stadium diagnostiziert worden. Wir waren beide vollkommen überrascht gewesen, denn Dave hatte sich immer einer außergewöhnlich guten Gesundheit erfreut. Bei früheren Untersuchungen war nie etwas gefunden worden.

Bevor wir die Ergebnisse der Röntgenuntersuchung bekamen, versprach ich Dave, mit dem ich seit 43 Jahren verheiratet war, dass ich stark sein würde – ganz gleich, was die Aufnahmen auch zeigen würden. Und ich war stark. Ich war stark in den aufreibenden drei Monaten der Krankheit, stark während der Trauerfeier und der Beerdigung und stark während des anschließenden Zusammenseins, das die Frauen meiner Gemeinde netterweise organisiert hatten. Ich war stark und noch mal stark und konnte nicht aufhören, stark zu sein!

Achtzehn Monate später traf mich dann etwas, was ein Autor einmal als »verzögerte Trauer« bezeichnet hatte. Daraus habe ich drei wertvolle Dinge gelernt: Wir müssen uns selbst gestatten zu trauern. Wir trauern alle auf unterschiedliche Weise. Wir trauern unterschiedlich lange.

Wie damit umgehen?

In einem Buch über Trauer, das ich las, stach mir der Begriff »kreativer Hinterbliebener« ins Auge. Was für ein Ausdruck der Hoffnung! Dave hätte gewollt, dass ich genau das war. Ich kann beinahe hören, wie er auf seine ruhige, liebevolle und durch und durch praktische Art sagt: »Also, Erin, nun finde mal wieder ins Leben zurück. Setze einen Fuß vor den anderen und lauf einfach los.«

Das bedeutet sicher nicht, dass ich ihn nicht furchtbar vermisse. Es bedeutet aber, dass ich von der Weisheit profitiere, die er mit mir teilen würde und die ich, wie ich hoffe, in diesem Kapitel mit Ihnen teilen kann.

Unternehmen Sie etwas gegen die Einsamkeit

Die Einsamkeit ist unser ständiger Begleiter. Ich rede mir ein, dass jeder von uns manchmal einsam ist – selbst Verheiratete. Aber nach Hause zu kommen und dort niemanden vorzufinden, dem ich erzählen kann, was ich erlebt habe, ist ein durch und durch deprimierendes Erlebnis. Die Abende und Nächte sind für mich immer am schlimmsten.

Wenn man sich in diesen langen Stunden des Abends mit etwas beschäftigt, kann das die Leere etwas abmildern. Da ich auch vorher schon mit einem Buch in der Hand meditiert hatte, wandte ich mich natürlich Büchern über das Trauern zu. Ich verbrachte viele schlaflose Nächte damit, über das Gelesene nachzudenken, und fand großen Trost darin. Ich hörte mir auch CDs über Trauerarbeit an.

Beten hat mir schon immer geholfen, und das Führen eines Tagebuches kann ebenfalls eine heilende und läuternde Wirkung haben. Fernsehen kann manchmal eine gute Ablenkung sein, aber da wir dabei so passiv sind, kann es auch leicht deprimierend wirken. Für mich ist das Radio, besonders die öffentlich-rechtlichen Sender, eine willkommene Form der Entspannung. Musik aller Art kann meine Stimmung heben.

Auch Haustiere können uns Trost spenden. Fange ich an zu weinen, kommen meine Hunde sofort angelaufen und betteln um meine Aufmerksamkeit. Und wer kann einer so deutlich gezeigten Zuneigung schon widerstehen?

»Es hilft vielleicht, wenn wir uns klarmachen, dass unser lieber Verstorbener glücklich ist, dass er frei von Schmerz und allen Sorgen ist und dass wir mit ihm wiedervereinigt sein werden. Wären Sie gestorben, hätten Sie gewollt, dass sich Ihre Lieben für den Rest ihres Lebens vor Verzweiflung die Haare raufen? Sie würden doch wollen, dass sie so glücklich wie möglich wären, oder? Und genau das will der Verstorbene für Sie.«

Ken Czillinger: *After the First Year... Thoughts for the Bereaved*

Lassen Sie sich von anderen helfen

Gehen Sie auf andere Menschen zu und gestatten Sie ihnen, Ihnen einen Teil des Schmerzes abzunehmen, der in den ersten Tagen der Trauer Ihr ständiger Begleiter ist. Stoisches Ertragen wird Ihnen nicht helfen, aber viele Menschen möchten Ihnen helfen, wenn Sie ihnen nur mitteilen, was Sie brauchen und sich wünschen. Die Liebe, mit der Familienangehörige und Freunde Sie überschütten, kann eine große Quelle des Trostes sein und Ihnen ein Gefühl der Verbundenheit vermitteln.

Wenn dann allerdings Einladungen von Verwandten und Freunden kommen, ist es für Sie möglicherweise schwer, diese auch anzunehmen. Ich finde es am besten, so viele wie möglich anzunehmen. Machen Sie sich klar, dass das Telefon in beide Richtungen funktioniert und dass Sie nicht nur erwarten sollten, dass Menschen Sie anrufen, sondern dass Sie auch selbst anrufen können.

Manche Menschen wissen nicht, was sie Ihnen sagen sollen, oder gehen Ihnen sogar aus dem Weg. Das ist einfach so und Sie sollten sich dadurch nicht zu sehr verletzt fühlen. Rechnen Sie damit, dass sich Ihre Beziehungen verändern. Ihr Freundeskreis wird nun nicht mehr so stark auf Paare ausgerichtet sein. Auch wenn Ihre verheirateten Freunde Sie gerne mit einschließen möchten, so unterscheidet sich ihre Lebensweise doch nun von der Ihren. Sie können neue kostbare Freundschaften mit anderen Verwitweten oder Alleinstehenden schließen.

Ich kann Selbsthilfegruppen nicht genug rühmen. Ich gehöre selbst zwei solchen Gruppen in meiner Gemeinde an. Ich nahm zudem an einem Einführungsseminar für verwitwete oder geschiedene Menschen und an einem Wochenendseminar zum Thema »Wie gehe ich mit meiner Trauer um?« teil. Gemeinsam geweinte Tränen und gemeinsames Lachen sind sehr heilsam, anderen zu helfen ist ein sehr wirksames Mittel gegen den eigenen Schmerz.

Gehen Sie Veränderungen so behutsam wie möglich an

Während dieser Zeit des Wandels ist es klug, keine überstürzten Entscheidungen zu treffen – ganz gleich in welchem Bereich. Warten Sie noch mit dem Verkauf des Hauses, dem Entsorgen persönlicher Gegenstände, größeren Anschaffungen oder anderen nachhaltigen Veränderungen.

Nehmen Sie Hilfe in praktischen Dingen an, um Ihnen die Anpassung an die neuen Umstände zu erleichtern. Unser Anwalt half mir nach Daves Tod bei allen rechtlichen Fragen; Freunde der Familie und Geschäftspartner gaben mir ebenfalls wertvolle Ratschläge.

Da diese Phase des Trauerns und der Anpassung so stressig ist, müssen Sie darauf achten, dass Sie Ihre Kräfte durch eine ausgewogene Ernährung aufrechterhalten. Körperliche Bewegung, vor allem Spazierengehen an der frischen Luft, lüftet das Gehirn durch. Da Trauern sehr anstrengend ist, sollten Sie nachts unbedingt ruhen, selbst

»Ich wusste, dass mein Leben nie wieder wie vorher sein würde. Aber ich wusste nicht, dass es irgendwie doch wieder ganz okay sein könnte.«

Mary Wiker: *Briefe*

wenn Sie nicht schlafen können. Entspannungstechniken können Ihnen dabei helfen.

Weinen Sie, wenn Ihnen danach zumute ist. Sinnen Sie über Ihr Leben nach, und machen Sie sich keine Sorgen, wenn Sie eine Zeit lang nicht viel schaffen.

Während Sie die nötigen Veränderungen vornehmen, entdecken Sie wahrscheinlich, dass Sie unabhängiger werden. Ich habe neues Vertrauen in meine Handlungen und Entscheidungen gewonnen, und mir gefällt es, jene Ängste zu überwinden, die mich früher davon abgehalten hatten, bestimmte Dinge zu tun. Ich bin stolz auf die neuen Wege, die ich auf der Arbeit und in der Fortbildung beschreite. Und ich gehe sie voller Freude.

 Verlassen Sie sich auf Ihren Glauben

Ganz gleich, welcher Religion Sie auch angehören mögen, Sie können aus ihr die größte Kraft schöpfen. Als Dave starb, kamen seinen Bruder Tom, ein Priester, und unsere vier erwachsenen Kinder sofort zu mir. Tom sprach Gebete, während ich am Bett saß und Daves Hand hielt und die Kinder um uns herum standen.

Plötzlich ging draußen die Sonne auf und sandte ihre rotgoldenen Strahlen durch das Fenster. Was für eine wunderbare Auferstehung! Gott hatte ein Bild gemalt, das Dave sicherlich gefallen hat, als er sich zu seinem himmlischen Vater gesellte. Zu einem Vater, den er als Kind so gut kannte, dass er ihn »Kapitän« genannt hatte.

Das Wandeln an Gottes Seite während der Zeit der Trauer hat meinen Glauben noch gestärkt. Ich war nie wirklich wütend auf Gott, weil ich immer wusste, dass mein liebevoller Gott mich mit Daves Tod nicht strafen wollte.

Gott wandelt auch an Ihrer Seite. Sie müssen sich aber darüber im Klaren sein, dass die Trauer nicht an einem bestimmten Punkt aufhört. Nach achtzehn Monaten spüre ich meinen Verlust manchmal sogar noch intensiver als zuvor. Aber diese Phasen halten nicht mehr so lange an wie früher.

Wenn Sie das Gefühl haben, in Ihrem Gram »festzustecken«, mag es hilfreich sein, sich an einen verständnisvollen Therapeuten zu wenden – besonders dann, wenn Sie von hartnäckigen Selbstmordgedanken geplagt werden. Aber vor allem wird es Ihnen helfen, sich klarzumachen, dass Sie ein integraler Bestandteil von Gottes Plan und in den Augen Gottes über alle Maßen kostbar sind.

Bedauern Sie nichts

Die Ärzte hatten mir im Vertrauen gesagt, dass Dave möglicherweise noch sechs, aber wahrscheinlich nur noch drei Monate zu leben hätte. Aber er war fest entschlossen, sich seine positive Einstellung zu bewahren – in der Hoffnung, doch noch zu genesen. Riefen Freude an, hörte ich ihn häufig sagen: »Ach, ich hab nur so einen Anflug von Krebs.«

»Wenn aber der Gram geheilt ist, warum verspüren wir dann an Feier- und Jahrestagen einen solchen Verlust – selbst dann, wenn wir es am wenigsten erwarten? Warum haben wir selbst noch sechs Jahre nach unserem Verlust einen Kloß im Hals? Weil Heilen nicht mit Vergessen gleichzusetzen ist und weil ›das Leben geht weiter‹ nicht bedeutet, dass wir nicht einen Teil des geliebten Menschen immer in uns tragen.«

Adolfo Quezada

Ich wollte Dave nicht sagen, dass sein Krebs unheilbar war, weil er dies offensichtlich nicht hören wollte. Als ich ihn eines Abends fragte, warum er sich vor mir verschloss, antwortete er, dass dies nicht seine Absicht sei, dass er aber einfach zu krank wäre, um über bestimmte Themen zu sprechen.

Heute habe ich das Gefühl, dass wir etwas verpasst haben, weil wir über die Krankheit nicht so reden konnten wie über die Dinge davor. Aber ich versuche, nicht daran zu denken, was ich besser hätte machen können. Ich habe mein Bestes getan. So wie er.

Wenn Sie etwas bedauern, das Sie vor dem Tod Ihres Partners getan oder nicht getan haben, versuchen Sie, mitfühlend mit sich selbst zu sein. Der Mensch, der Sie, so sehr geliebt hat, würde nicht so hart über Sie urteilen, also sollten auch Sie diesen quälenden Gedanken nicht frönen.

Nur Mut!

Es gibt Tage, an denen es scheint, als wäre ein so großes Stück aus meinem Leben gerissen worden, dass nur noch ein klaffendes Loch übrig geblieben ist. Aber es gibt auch Tage, an denen ich einen Neuanfang zelebriere. Mein Leben und meine Rollen haben sich verändert, und viele der Veränderungen, die ich durchgemacht habe, sind positiver Natur. Ich lerne jeden Tag, wie ich eine »kreative Hinterbliebene« sein kann. Ich vertraue darauf, dass Sie das ebenfalls lernen werden.

Erin Diehl ist Sozialpsychologin, geistliche Leiterin und freiberufliche Autorin. Sie leitet in ihrer Gemeinde eine Selbsthilfegruppe für Verwitwete.

Kapitel 2

Die ersten Wochen nach dem Begräbnis überstehen

von Herbert Weber

Ich traf mich mit den Kindern einer Familie am Tag nach der Beerdigung ihrer Eltern in ihrem Elternhaus. Da nun sowohl Mutter als auch Vater von ihnen gegangen waren, mussten sie das Haus aufräumen und die persönlichen Dinge sortieren, bevor sie in die verschiedenen Teile des Landes zurückkehren würden. Schon bald würden sie sich um den Verkauf des Hauses kümmern und sich mit der Nachlassregelung beschättigen müssen.

Die Stimmung war sehr angespannt. Nach einer halben Stunde Aufräumen und Sortieren fing eine der Töchter an zu weinen. Sie beklagte sich, dass ihr das alles zu schnell gehe. Man solle doch die Sachen der Eltern nicht so eilig entsorgen. Andere stimmten ihr zu, wiesen aber darauf hin, dass »die Arbeit doch erledigt werden müsse«. Die Anspannung nahm noch weiter zu.

Schließlich schlug jemand vor, in einem nahegelegenen Restaurant zu Mittag zu essen. Dabei beschlossen sie, erst in zwei Wochen weiterzumachen, damit die Gefühle etwas zur Ruhe kommen konnten. In der Zwischenzeit wollten sie miteinander in Kontakt bleiben.

Wie damit umgehen?

Für viele Menschen sind die ersten Wochen und Monate nach der Beerdigung des Partners weitaus schwieriger als die Aufbahrung und das Begräbnis selbst, denn Freunde und Bekannte sind nun wieder gegangen und das Leben ist für alle ziemlich schnell wieder in die üblichen Bahnen zurückgekehrt. Aber für die engsten Familienmitglieder hat der Trauerprozess gerade erst begonnen.

Wenn Sie nicht wissen, wie Sie sich in den ersten chaotischen Wochen und Monaten nach dem Verlust zwischen Ihrer Trauer und Ihren alltäglichen Pflichten zurechtfinden sollen, können die folgenden Vorschläge für Sie möglicherweise hilfreich sein.

Vergessen Sie vorübergehend, was »normal« bedeutet

Aufgrund des erst kürzlich erlittenen Verlustes eines lieben Angehörigen von mir weiß ich, dass der Tod eines nahestehenden Menschen den Hinterbliebenen viel zusätzliche Arbeit beschert. Schließlich müssen seine persönlichen Angelegenheiten schnell und effizient geregelt werden. Gleichzeitig verlangt aber auch die Trauer nach unserer Aufmerksamkeit, und wir realisieren erst allmählich, dass eine tiefe und permanente Veränderung eingetreten ist. Die verschiedenen Familienmitglieder trauern auf unterschiedliche – manchmal durchaus überraschende – Weise, so dass Spannungen und Missverständnisse entstehen können. Das erfordert aufseiten aller Hinterbliebenen ein hohes Maß an Toleranz und Verständnis.

Viele Menschen setzen sich selbst übermäßig unter Druck, weil sie erwarten, dass sie frei werden sollten vom Schmerz des Geschehenen und dass das Leben schnell wieder in normale Bahnen zurückkehren sollte. Geschieht das nicht, schamen sie sich, weil sie denken, dass mit ihnen etwas nicht stimmen kann. Aber alles stimmt, nur eines nicht: die Erwartungshaltung, dass das Leben schnell wieder normal sein sollte.

»Ich habe herausgefunden, dass die tägliche Routine aus Beruf und Familie mir geholfen hat, meinem Leben inmitten des durch die Trauer verursachten Chaos eine vertraute Struktur zu geben.«

Robert DiGiulio: *Losing Someone Close*

Üben Sie sich bei der Bewältigung des Chaos in Geduld

Eine Familie muss häufig den Besitz des Verstorbenen und Erinnerungsstücke an ihn aufteilen. Wurde kein Testament aufgesetzt, kann das häufig in einen regelrechten Verteilungskampf zwischen den Kindern und dem überlebenden Partner ausarten. Versuchen Sie, alle Meinungsverschiedenheiten gütlich zu regeln und den anderen keine bösen Absichten zu unterstellen. Der erste Schritt, um Klarheit zu erlangen und auf einen Kompromiss hinzuarbeiten, kann zum Beispiel darin bestehen, eine Liste der Besitztümer zu erstellen und diese an die engsten Familienmitglieder zu versenden, damit sie ihre Wünsche artikulieren können.

Obwohl beinahe jeder irgendeine Kleinigkeit haben will, reagieren wir doch sehr unterschiedlich, wenn es an die Verteilung der Erinnerungsstücke geht. Die Tatsache, dass nicht allen wichtig ist, was mit jedem einzelnen Gegenstand geschieht, bedeutet ja nicht, dass man kaltherzig oder desinteressiert ist. Jeder Mensch hat einzigartige Erinnerungen an und einzigartige Gefühle für die verschiedenen Objekte. Daher sollte man mit den Gefühlen der anderen sensibel umgehen und die Einzigartigkeit jeder Erinnerung respektieren.

Was loslassen, was festhalten?

Manchmal haben bestimmte Familienmitglieder den geradezu überwältigenden Wunsch, alles festzuhalten, was mit dem Verstorbenen zu tun hat, weil sie so an ihm hängen. Oftmals fällt das Loslassen leichter, wenn man sich gegenseitig Geschichten erzählt und Erinnerungen miteinander teilt.

Bei der Beerdigung werden häufig kleine Geschichten über den Verstorbenen erzählt. Wichtiger und wertvoller sind allerdings die Geschichten und Erinnerungen, die in den darauffolgenden Wochen und Monaten auftauchen. Haben Sie keine Angst, Ihre Erinnerungen zu behalten, denn sie können in dieser Zeit eine wichtige Quelle der Heilung und des Trostes sein.

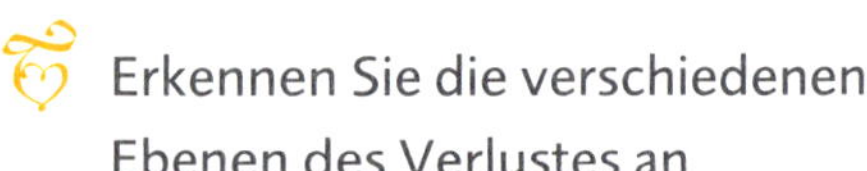

Erkennen Sie die verschiedenen Ebenen des Verlustes an

Nur ein einziger Verlust, nämlich der eines Menschen, der Ihnen sehr nahestand, reicht schon aus, um den ganzen Tag lang Trauer zu fühlen. Aber ein Verlust hat immer verschiedene Ebenen. Die Person, die Sie lieben, ist nicht mehr da, aber außerdem verlieren Sie möglicherweise Ihr Heim, Ihren sozialen Status, die Beziehung zu anderen Familienmitgliedern ändert sich und auch die Art und Weise, wie Sie sich selbst betrachten. Manchmal ist es sehr schwer, genau zu wissen, mit welcher Ebene des Schmerzes Sie es gerade zu tun haben.

Ein jeder

»Ein jeder wirklicher Schmerz
hat zwanzig Schatten,
die ihm gleich sehen.«

William Shakespeare: *Richard II.*

Wenn Sie sich selbst eingestehen, dass Sie mehrere Verluste erlitten haben, können Sie einzeln und auf unterschiedliche Weise mit ihnen umgehen. Das hilft Ihnen auch, sich gegen das »Schnellerholungssyndrom« zu wappnen, demzufolge es am besten ist, einfach weiterzumachen wie bisher. Lassen Sie sich von der Taubheit, die sich in den ersten Tagen und Wochen häufig einstellt, nicht täuschen. Taubheit ist keine Heilung, und wenn Sie zu schnell wieder zur Tagesordnung übergehen, werden Sie die notwendige und unvermeidliche Trauerarbeit nur hinauszögern.

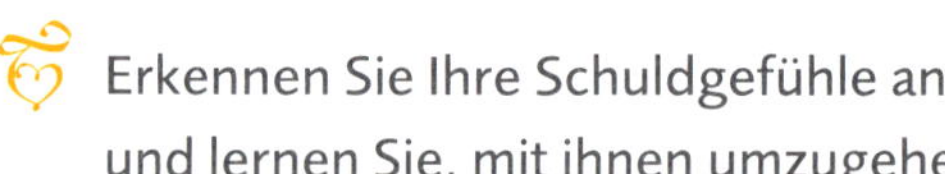

Erkennen Sie Ihre Schuldgefühle an und lernen Sie, mit ihnen umzugehen

In den hektischen Wochen nach dem Begräbnis erscheinen Ihnen das Sortieren der persönlichen Dinge, der Verkauf des Hauses, der Wiedereinstieg in den Beruf oder selbst ein Lächeln oder Lachen möglicherweise bereits als Verrat an dem Verstorbenen.

Aber Sie sollten sich fragen, was die verstorbene Person wohl für Sie gewollt hätte. Vermutlich würde sie doch wollen, dass Sie alles tun, was notwendig ist, um die Herausforderungen zu bewältigen, die ein solcher Verlust mit sich bringt. Die vielen Verpflichtungen, die mit dem Tod eines geliebten Menschen einhergehen, sind niemals einfach, aber Sie werden ohne die zusätzliche Belastung durch Schuldgefühle und Gefühle des Verrats besser mit ihnen fertigwerden.

»Nur wenige von uns haben die Mittel oder leben in Umständen, die es ihnen erlauben, sich während der Zeit der Trauer von der Welt zurückzuziehen. Wir alle haben Verpflichtungen, einen Beruf und Menschen sowie Tiere, um die wir uns kümmern müssen. Aber inmitten der Trauer müssen wir uns auch um uns selbst kümmern – um jeden Aspekt unseres Selbst –, so dass der Prozess des Trauerns eine Zeit der Heilung, des Wachstums, der Vertiefung und schließlich der Verwandlung wird.«

Karen Katafiasz:
Taking Care of Yourself While Grieving

Zudem ist es wichtig zu verstehen, dass Gefühle der Schuld oder des Verrats auf tiefere Gefühle hinweisen können, zum Beispiel darauf, dass die Beziehung zu dem Verstorbenen unvollständig oder unvollkommen war. Daher können derartige Gefühle ebenfalls eine Form der Trauer sein und sollten respektvoll betrachtet und angegangen werden.

Im Verlauf der Zeit wird es sogar noch wichtiger, anderen mitzuteilen, was wir brauchen. Wenn der Totenschein ausgestellt ist, wenn die persönlichen Dinge weggegeben wurden, wenn ein Anwalt eingeschaltet werden muss, wenn die Erbschaft geregelt ist, wenn der Grabstein fertig ist, werden Sie spüren, dass sehr verwirrende Gefühle in Ihnen aufsteigen. Wenn diese Verwirrung Sie fest im Griff hat, sollten Sie die anderen wissen lassen, dass Sie keinen guten Tag haben, damit sie Ihnen Raum geben und Sie auf die Weise unterstützen können, die Sie gerade brauchen.

Nur Mut!

Die ersten Wochen und Monate nach dem Begräbnis eines geliebten Menschen sind eine Zeit des Trauerns und des Wiedereinstiegs. Während Sie Ihren Pflichten nachgehen, angemessen trauern und sich allmählich selbst gestatten weiterzuleben, werden Sie merken, dass der geliebte Mensch in Ihrer Erinnerung – aber noch wichtiger: in dem Geist, der auch Sie beseelt – weiterlebt.

Und wenn Sie in diesen neuen Lebenszyklus eintreten, werden Sie erkennen, dass die Bereitschaft, zu genesen und Ihr Leben neu aufzubauen, das Beste widerspiegelt, was der geliebte Mensch Ihnen hinterlassen hat.

Herbert Weber ist Priester der römisch-katholischen Diözese von Toledo, Ohio. Seine Ausbildung als Sozialarbeiter fließt in seine beratende, seelsorgerische und schriftstellerische Tätigkeit ein.

Kapitel 3

Nehmen Sie sich alle Zeit der Welt, um Ihren Verlust zu betrauern

von Kathlyn S. Miller

Ich erinnere mich noch gut an jene dunkle Nacht, als ich mit neunzig Stundenkilometern auf einer spiegelglatten Autobahn fuhr. Ich kam ins Rutschen und riss reflexartig das Lenkrad in die entgegengesetzte Richtung, aber dadurch rutschte ich über den Mittelstreifen und entging nur knapp dem Zusammenstoß mit einem entgegenkommenden Sattelschlepper. Schließlich brachte ich den Wagen zum Stehen, nachdem er noch gegen die Stoßstange eines anderen Autos geprallt war. Aus diesem Vorfall habe ich gelernt, dass es einem das Leben retten kann, wenn man in die Richtung steuert, in die der Wagen bei Glatteis wegrutscht.

Diese Erkenntnis trifft auch auf die Trauerarbeit zu. Unsere instinktive Reaktion besteht darin, uns von diesem schmerzhaften Prozess abzuwenden. Aber lebensrettend ist es, der Trauer und dem Gram direkt ins Gesicht zu schauen, sich ihnen zuzuwenden, statt sich von ihnen abzuwenden. Wie es William Bridges, der Autor des Buches *Transitions: Making Sense of Life's Changes*, formulierte: »Der Weg hinaus ist der Weg hinein.«

Wie damit umgehen?

Trauernde, die an die Halbwahrheit glauben, dass die Zeit alle Wunden heilt, entdecken noch Jahre nach ihrem Verlust, dass der Gram noch immer bei ihnen ist. Er beeinträchtigt ihre Fähigkeit, produktiv zu sein und zu funktionieren, enge Beziehungen einzugehen und glücklich zu leben. Es reicht nicht, einfach Zeit vergehen zu lassen. Ob wir nach einem Verlust einen neuen Sinn im Leben finden, hängt ganz davon ab, was wir während der Zeit des Trauerns tun.

Sie müssen sich selbst gestatten, so lange wie nötig zu trauern, auch wenn andere Familienmitglieder, Freunde und Kollegen dies nicht verstehen, weil sie es vielleicht selbst noch nicht durchgemacht haben. Dieses Essay soll Ihnen eine grundsätzliche Anregung zum Thema Gram geben, aber auch praktische Vorschläge machen, die Ihnen während der Zeit des Trauerns helfen können. Ich werde über innere Konflikte sprechen, denen Sie sich vermutlich ausgesetzt sehen, während Sie sich bemühen, die tiefe Wunde zu heilen, die Ihr Herz erlitten hat. Sich diesen Konflikten und Herausforderungen zu stellen, ist für den Erfolg der Trauerarbeit von entscheidender Bedeutung.

Ein wichtiger Teil der Trauerarbeit findet nicht in den vielen Aktivitäten statt, sondern in der Inaktivität, die von William Bridges als »neutrale Zone« bezeichnet wird. Dies ist die Zeit zwischen dem Ende und dem Neuanfang, eine sehr wertvolle Phase, die für unser Leben so wichtig ist wie Pausen für ein Musikstück. Diese Phase der inneren Neuorientierung ermöglicht es uns, eine neue Identität auszubilden und eine Richtung zu entwickeln, wie wir unser Leben nach einer derart großen Veränderung weiterführen wollen.

Reservieren Sie sich Zeiten, in denen Sie Trauerarbeit leisten

Eine der ersten Fragen, die die meisten Hinterbliebenen stellen, lautet: »Wie lange wird es dauern?« Es gibt für die Trauer aber keinen allgemeingültigen Zeitplan. Gram und Trauer kommen nicht in ordentlich gegliederten Abschnitten daher, die Sie in einem bestimmten Zeitrahmen abschließen können. Der Trauerprozess eines jeden Menschen ist vollkommen einzigartig, weil ja auch seine Beziehung zu dem Verstorbenen einzigartig war.

Die Dauer des Trauerprozesses hängt großenteils davon ab, wie bereitwillig der Trauernde seine Trauerarbeit angeht. Daher sollten Sie sich jeden Tag oder mehrmals pro Woche Zeiten reservieren, in denen Sie ganz bewusst Trauerarbeit leisten. In dieser Zeit können Sie sich zum Beispiel Fotos anschauen oder ein Fotoalbum mit Bildern Ihres Geliebten zusammenstellen. Sie können Musik hören, die Sie an den Menschen erinnert, den Sie so sehr vermissen. Oder Sie schauen sich Videos Ihrer Familie an. Führen Sie ein Tagebuch, in dem Sie Ihre Gefühle aufschreiben. Gehen Sie zum Grab und sprechen Sie mit Ihrem Liebsten. Schreiben Sie ihm oder ihr – oder Gott – Briefe, in denen Sie ausdrücken, was Sie beschäftigt.

Bei diesen Aktivitäten kommen Ihnen möglicherweise die Tränen. Tränen sind einfach das Überdruckventil des Körpers, durch das er die Gefühle der Gram freisetzt, weil sie ihn schädigen können, wenn sie unterdrückt werden. Tränen sind der heilende Balsam Gottes.

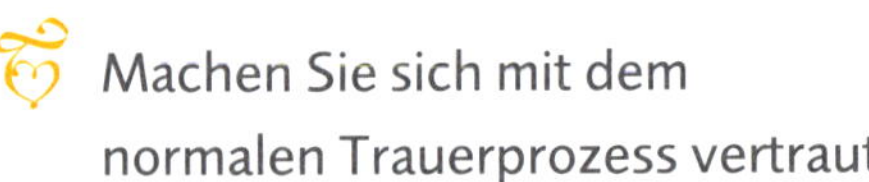

Machen Sie sich mit dem normalen Trauerprozess vertraut

»Ich habe das Gefühl, verrückt zu werden«, ist eine der häufigsten Aussagen von Trauernden. Daher ist es

Ich kann

»Ich kann jemanden, den ich bis zum Ende geliebt habe, niemals verlieren; der Mensch, mit dem meine Seele so fest verbunden ist, dass sie nie von ihm getrennt werden kann, geht nicht weg, er geht mir nur voraus.«

Bernhard von Clairvaux

für Ihre psychische, physische und spirituelle Gesundheit von entscheidender Bedeutung, dass Sie verstehen, wie der »normale« Trauerprozess aussieht, da er häufig so abnormal erscheint.

Sie werden wahrscheinlich eine Achterbahnfahrt der Gefühle erleben, darunter Traurigkeit, Leere, Erleichterung, Bedauern, Einsamkeit und Angst. Vielleicht können Sie nicht schlafen oder verlieren den Appetit. Möglicherweise fühlen Sie sich von Gott im Stich gelassen. Diese und viele andere Gefühle und Verhaltensweisen sind normale Reaktionen auf einen Verlust. Lesen Sie Bücher oder Zeitschriften zum Thema »Trauer«. Das wird Ihnen möglicherweise Trost spenden, besonders in den ersten Tagen, wenn Sie sich wie ein Reisender in einem fremden Land fühlen.

Eine Selbsthilfegruppe, zusammengesetzt aus Menschen, die ebenfalls durch das Land der Gram reisen, kann ebenfalls sehr hilfreich sein. Das Erzählen Ihrer Geschichte ist ein notwendiger Teil des Heilungsprozesses, und das Anhören anderer Geschichten wird Ihnen helfen zu begreifen, dass Sie nicht der Einzige sind, der derart widersprüchliche Gefühle und Gedanken hat. Viele Hospizprogramme und Kirchengemeinden haben solche Gruppen.

Wenn Sie das Gefühl haben, in Ihrer Trauer festzustecken, suchen Sie einen Therapeuten oder Geistlichen auf, der Erfahrung mit Trauer und Verlust hat. Um Hilfe zu bitten, ist ein Zeichen von Stärke, nicht von Schwäche.

Nichts geht

»Nichts geht verloren. Alles, was wir erlitten haben, stellt eine Lektion für die Seele dar.«

Bernhard von Clairvaux

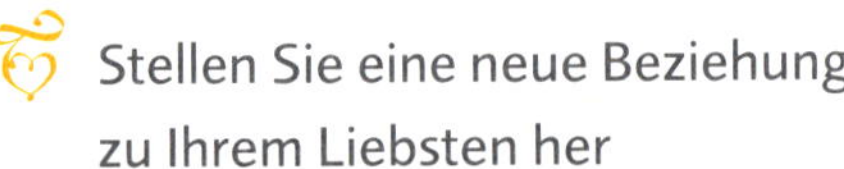

Stellen Sie eine neue Beziehung zu Ihrem Liebsten her

Der Gedanke, den Verstorbenen »loszulassen«, macht den meisten Menschen Angst. Aber die Trauerarbeit löscht die Erinnerung an den geliebten Menschen ja nicht aus. Im Gegenteil: Eine der größten Herausforderungen für Hinterbliebene ist es, eine neue Beziehung zum Verstorbenen herzustellen, ohne dass er körperlich anwesend ist. Wie es der Dramatiker Robert Anderson in seinem Stück »I Never Sang for My Father« so wunderbar ausdrückte: »Der Tod beendet das Leben, nicht die Beziehung.«

Sie stehen also vor der Aufgabe, diese neue Beziehung herzustellen – im Herzen, im Verstand und im Geist. Indem Sie die Werte und Interessen Ihres Geliebten in Ihr Leben integrieren und sie an andere weitergeben, errichten Sie ihm ein lebendes Denkmal, das seine Essenz am Leben erhalten und Ihnen Trost spenden wird.

Gestatten Sie den bittersüßen Erinnerungen, sich tief in Ihre Seele einzugraben. Dort – so wissen Sie – wird Ihr Geliebter immer sein. Sobald diese Liebe einmal sicher verwahrt ist, werden Sie neue Energie gewinnen, um sich Ihr neues Leben zu erschaffen. Wie es eine meiner jung verwitweten Freundinnen beschrieb: »Ich weiß, dass Charlie immer ein goldener Strang in meinem Herzen sein wird.«

»Wenn der Gram noch ganz frisch ist, irritiert jeder Versuch, von ihm abzulenken, nur.«

Samuel Johnson

Überprüfen Sie Ihren Glauben

Es ist praktisch unmöglich, den Tod eines Menschen, der Ihnen viel bedeutet, zu erleben, ohne in spirituelle Konflikte zu geraten. Diese Konflikte betreffen nicht nur Ihren Glauben an ein Leben nach dem Tod, sondern auch Ihre Überzeugungen in Bezug auf das Leben in der Gegenwart.

Wir können uns zum Beispiel dafür entscheiden, daran zu glauben, dass »aus diesem furchtbaren Verlust nichts Gutes entstehen kann«, oder daran, dass »daraus etwas Positives entstehen kann«. Wir können glauben, dass »ich nie wieder lieben oder glücklich sein werde« oder dass »es möglich ist, in Zukunft Liebe und Glück zu finden«. Welche Überzeugung wir uns auch erschaffen mögen, wir werden immer Beweise finden, die sie unterstützen.

Darin liegt die Herausforderung, wenn wir unser Leben neu gestalten: Woran wollen wir in Bezug auf unser Leben und unsere Zukunft glauben? Der Autor Henri Nouwen sagt dazu Folgendes: »Jene, die erwarten, dass aus Traurigkeit Freude entstehen kann, werden den Anfang eines neuen Lebens mitten im alten entdecken.«

Achten Sie auf den Wendepunkt

»Warum ist dies meinem Geliebten und mir passiert?« ist eine Frage, die endlos im Kopf eines Menschen, der einen Verlust erleidet, herumspukt. Die meisten Menschen finden in diesem Leben keine zufriedenstellende Antwort auf diese Frage.

Manche Menschen bleiben in ihrer Wut stecken: Wut auf Gott, auf den Geliebten, der sie verlassen hat, auf das Pflegepersonal und auf sich selbst, weil sie nicht genug getan haben. Wenn wir uns in diesem Gefühl, ungerecht behandelt worden zu sein, suhlen, hindert uns das daran, die schwere, aber heilsame Arbeit des Trauerprozesses anzugehen.

Es ist ein echter Wendepunkt im Trauerprozess, wenn Sie aufhören, sich die Frage nach dem Warum zu stellen, und sich stattdessen fragen: »Da es nun geschehen ist, wie gehe ich jetzt damit um?«

Diese neue Frage erkennt an, dass sich Ihr Leben für immer verändert hat, aber dass Sie offen für das sind, was noch kommen mag. Die folgenden Worte von Helen Keller drücken es vielleicht am besten aus: »Wenn sich eine Tür zum Glück schließt, öffnet sich eine andere. Aber oft schauen wir die geschlossene Tür so lange an, dass wir die nicht sehen, die sich für uns geöffnet hat.«

Nur Mut!

Auf dem Weg durch die Trauer haben Sie vermutlich manchmal das Gefühl, durch dichten Nebel zu wandern. Sie wissen weder, was vor Ihnen liegt, noch, in welche

Richtung Sie gehen sollen. Vielleicht fragen Sie sich auch, ob Sie jemals wieder die Sonne sehen werden.

Es gibt aber Wegweiser auf dem Weg der Trauer, die Ihnen zeigen werden, ob Sie in die richtige Richtung gehen. Es wird Tage geben, an denen Sie nicht pausenlos an Ihren Geliebten denken müssen – wodurch Raum und Zeit für neue Gedanken, Aktivitäten und Menschen entstehen können. Ihr Energieniveau und Ihre Konzentrationsfähigkeit werden sich verbessern. Sie werden wieder lachen können, ohne sich schuldig zu fühlen. Erinnerungen an den geliebten Menschen werden nicht mehr dazu führen, dass Sie sich vor Schmerzen krümmen, sondern sie werden Ihr Herz wärmen. Sie werden Energie und Zeit in neue Beziehungen und Unternehmungen investieren.

Und dann, eines schönen Morgens, wird Ihnen bewusst werden, dass sich der Nebel gelichtet hat und dass Sie wieder die hellen Strahlen der Sonne sehen. Möge Gott auf dieser Reise der Heilung an Ihrer Seite wandeln.

Kathlyn S. Miller ist diplomierte Sozialarbeiterin, die in Wichita in Kansas trauernde Erwachsene und Kinder berät. Außerdem hält sie Seminare zu den Themen »Gram« und »Verlust«.

Kapitel 4

Aufräumen: Wenn Sie die ganze Tragweite Ihres Verlustes begreifen

von Darcie D. Sims

Ich dachte

Ich dachte, ich würde nur den Kleiderschrank aufräumen. Ich hatte dies immer vor mir hergeschoben, weil ich schon wusste, dass es schwer sein würde. Das ganze andere »Zeug« war bereits in Kartons verpackt. Nur der Kleiderschrank war noch übrig.

Seit seinem Tod waren mehrere Monate vergangen, und ich dachte eigentlich, ich wäre ganz gut damit fertiggeworden. War ich auch – zumindest, bis ich den Kleiderschrank aufmachte. Mit einem solchen Schmerz hatte ich nicht gerechnet. Die Trauer brach wie eine riesige Welle über mir zusammen und zwang mich auf die Knie. Mein Mann war nicht mehr da. Er war wirklich tot.

Wie damit umgehen?

Wenn der von uns geliebte Mensch stirbt, erstarren wir häufig und bleiben auch während des Begräbnisses und in den ersten Wochen danach in diesem Zustand der Erstarrung. Wir absolvieren die Rituale und selbst einen Teil der Trauerarbeit, ohne wirklich etwas zu fühlen. Es kann Wochen oder Monate dauern, bis wir anfangen aufzutauen. Und dieser Auftauprozess kann sehr plötzlich einsetzen – und häufig dann, wenn wir es am wenigsten erwarten.

Eine junge Witwe taute auf, als sie am Rand der Autobahn stand und auf den Pannendienst wartete, der den geplatzten Reifen wechseln sollte. Plötzlich wurde ihr bewusst, dass ihr Mann nicht mehr da war, um sie aus einer solchen Notsituation zu retten. Sie schlug mit den Fäusten auf die Motorhaube ein, als sie die Realität ihres Verlustes begriff.

Ein Mann mittleren Alters taute auf, als er sich abmühte, seine Krawatte zu binden. Plötzlich versetzte ihm die Realität des Verlustes einen schmerzhaften Schlag. Er erkannte, dass sie nicht mehr da war, um seine Krawatte zurechtzurücken.

Der Gram hat seine eigene Zeit

Jenen Menschen, die nicht sofort die Realität des Todes des geliebten Menschen begreifen, wird häufig vorgeworfen, dass sie versuchen, den Tod einfach zu leugnen. Aber der Gram hat seine eigene Zeit, und für viele Menschen kann der »Nebel der Trauer« Wochen oder sogar Monate anhalten. Es geht nicht wirklich um Leugnung, sondern vielmehr um ein Aufschieben der Realität.

Wenn wir durch die Sachen unseres Geliebten gehen und sie sortieren, wird es aber unmöglich, Schmerz und Gram noch länger hinauszuzögern, da mit jedem Stück bestimmte Erinnerungen verbunden sind. Der Gram quält uns, während wir die persönlichen Sachen auf verschiedene Haufen legen, die klar definiert sind: behalten, verschenken, wegwerfen.

Nun beginnen erste Tränen zu fließen, die bald zu einer Tränenflut werden. Die Kehle trocknet aus, und im Hintergrund lauern schon die Kopfschmerzen. Ein Leben voller Liebe wegzupacken, ist keine leichte Aufgabe.

Gehen Sie es langsam an

Lassen Sie sich beim Aufräumen und Sortieren Zeit. Es gibt keinen Grund zur Eile, es sei denn, ein bestimmtes Ereignis würde verlangen, dass Sie die Sache schnell erledigen. Wenn Sie den Schrank noch nicht geöffnet haben, weil Sie Angst vor dem haben, was darin sein mag, dann gehen Sie erst einmal auf ihn zu und legen die Hand auf den Griff. Das soll für heute reichen. Morgen oder bei nächster Gelegenheit können Sie vielleicht die Tür aufmachen.

Sobald Sie in der Lage sind, die Kleiderschranktür zu öffnen, beginnen Sie damit, die Sachen zu sortieren und sie in verschiedenen Kartons oder Säcken zu verstauen. Möglicherweise schaffen Sie den ganzen Schrank auf einmal, aber es kann durchaus auch mehrere Tage oder sogar Wochen dauern, bis Sie damit fertig sind. Wenn Ihnen die Aufgabe zu schwer zu sein scheint, bitten Sie ein Familienmitglied oder eine Freundin, Ihnen dabei zu helfen.

Sie sollten diese Aufgabe aber nicht gänzlich einem anderen Menschen überlassen.

Schieben Sie diese Reise nicht auf

Zwar finden viele Menschen die Aufgabe, die Sachen des geliebten Menschen auszusortieren, sehr schwer, aber wenn man es nicht tut, wird die Trauerarbeit nur unnötig hinausgezögert. Wenn Sie andere um Hilfe bitten, mit Ihnen die Sachen zu sortieren, verschafft dies Ihnen die Möglichkeit, einige der Erinnerungen, die dabei wachwerden, mit anderen zu teilen. Es ist leichter, in der Gegenwart von Helfern aufzutauen.

Wenn die Arbeit eines Tages getan ist oder die ganze Aufgabe erledigt wurde, dann können Sie daran denken, die Kartons zu verstauen. Manche Menschen lassen sie

Nur das

»Nur das Anerkennen und Ausleben des Schmerzes bringt jene Energie und Kraft hervor, die es ermöglicht, dass Hoffnung und Heilung zurückkehren.«

Darcie D. Sims: *TouchStones*

noch einige Zeit im Schrank stehen, während andere die beschrifteten Kartons in den Keller oder auf den Dachboden stellen. Manche geben sie sogar sofort weg. Lassen Sie sich Zeit dabei.

Es wird immer beliebter, die Kleider der Heilsarmee oder einer Hilfsorganisation zu spenden. Wenn Sie jemanden kennen, der Freude am Pullover oder der Jacke des Geliebten haben könnte, lindert das häufig den Schmerz etwas. Wenn Sie sich einfach nicht von bestimmten Dingen trennen können, behalten Sie sie – zumindest vorläufig.

Es mag befreiend wirken, wenn Sie wissen, dass Sie diese Aufgabe erledigt haben; vielleicht hat die Arbeit sogar das Auftauen beschleunigt. Es kann sehr schwer sein, die Möbel umzustellen oder den materiellen Inhalt des Lebens eines geliebten Menschen wegzugeben, denn wenn Sie die Lieblingswerkzeuge oder die Gegenstände, an denen er besonders gehangen hat, verschenken, kann der Gram seinen Höhepunkt erreichen.

Arbeiten Sie an Ihrer Heilung

Werden Sie sich Ihrer Gefühle bewusst, statt sie zu verdrängen. Dieser Teil der Trauer tut weh! Nehmen Sie den Schmerz an, und spüren Sie ihn in seiner ganzen Intensität. Vielleicht möchten Sie ja einen Karton wieder auspacken und den Raum wieder in seinen alten Zustand zurückversetzen. Das ist durchaus in Ordnung. Tun Sie, was immer für Sie zu stimmen scheint. Andere Menschen

Ich beantworte

»Ich beantworte die heroische Frage »Tod, wo ist dein Stachel?« mit: »Hier in meinem Herzen, meinem Kopf und meinen Erinnerungen.«

Maya Angelou

haben die besten Absichten und machen sich Sorgen um Sie, aber häufig möchten sie den Prozess beschleunigen, weil sie es nicht ertragen, Sie so leiden zu sehen. Aber Gram ist nun einmal der Preis, den wir zahlen, wenn wir jemanden lieben, und die notwendigen Stationen des Grams können nicht ewig umgangen werden.

Warten und Hoffen führen nicht dazu, dass der Gram verschwindet. Warten und Hoffen sind passive Beschäftigungen, aber wir müssen an unserer Heilung arbeiten.

Machen Sie die Schätze und den Krimskrams aus dem Leben Ihres Geliebten zu einem Teil Ihres zukünftigen Lebens. Ich kenne eine Familie, die den Weihnachtsbaum mit dem Schmuck der Mutter behängte. Eine andere Familie gab je eine Krawatte aus der Sammlung des Vaters an die männlichen Mitglieder der Familie weiter – gleich, ob diese nun angeheiratet oder in die Familie hineingeboren worden waren. Jede Krawatte hat eine Geschichte zu erzählen, und durch das Erzählen und das Tragen der Krawatte gerät das Leben des Verstorbenen nicht in Vergessenheit.

Halten Sie Ihre Erinnerungen in Ehren

Wenn die Realität der Trauer über Sie hereinbricht, denken Sie daran zu atmen. Akzeptieren Sie den Augenblick, und versuchen Sie, die Erinnerung zu finden, die auf der Welle der Trauer zu Ihnen kommen will. Unsere Hände mögen leer sein, aber die Kartons sind ebenso wie unser Herz voll.

Viele Menschen erhalten die Nähe zu dem geliebten Menschen aufrecht, indem sie einen speziellen Schatz behalten. Manche tragen seinen ganz besonderen Ring, andere singen sein Lieblingslied oder kochen sein Lieblingsgericht. So oder so: Die Liebe bleibt dadurch in Erinnerung. Diese kleinen Dinge erzählen von den kostbaren Momenten und den Erinnerungen an das Leben mit dem von Ihnen so geliebten Menschen. Bewahren Sie sie auf, und behalten Sie sie in Ihrer Nähe.

Das Aufräumen bedeutet nicht, dass Sie sich von jemandem verabschieden, sondern eher, dass Sie sich von dem Leben und den Dingen, die Sie miteinander geteilt haben, verabschieden. Sie können lernen, diesen Dingen Lebewohl zu sagen, aber Sie müssen sich nicht von der Liebe und dem Leben des geliebten Menschen verabschieden.

Nur Mut!

Der von Ihnen geliebte Mensch ist gestorben, aber die Liebe, die Sie mit ihm geteilt haben, kann niemals zerstört werden.

Denken Sie ein paar Minuten darüber nach, welches Geschenk der geliebte Mensch Ihnen gegeben hat – nicht ein Geschenk, das Sie auspacken können, sondern ein Geschenk des Geistes oder der Seele. Haben Sie jemals mit dem geliebten Menschen gelacht? War Freude Teil

Das Aufräumen

»Das Aufräumen mag Tränen mit sich bringen, aber auch wenn dies eine Zeit lang unangenehm sein mag, so sind dies doch heilsame Tränen. Gestatten Sie ihnen, Sie zu heilen.«

Joy Johnson: Grief:
What It Is and What You Can Do

Ihres gemeinsamen Lebens? Schreiben Sie diese Geschenke auf kleine Zettel, und legen Sie sie in eine ganz besondere Schachtel – eine kleine reicht völlig aus. Dann behalten Sie diese Schachtel in Ihrer Nähe, damit Sie sie öffnen können, wenn der Gram Ihnen wieder einmal auf die Schulter klopft. In dieser Segensschachtel befinden sich die wahren Geschenke Ihres Geliebten.

Erinnerungen gehören nicht in einen Karton, einen Schrank oder eine Kommode. Räumen Sie einen Schrank auf, stöbern Sie in der Kommode, suchen Sie nach einem sichtbaren Beweis dafür, dass der von Ihnen so geliebte Mensch tatsächlich gelebt hat. Bereiten Sie sich darauf vor, dass eine Welle der Trauer über Sie hinwegwaschen wird, wenn Ihnen die Realität des Todes bewusst wird. Gestatten Sie dieser Realität, in Ihrer Erinnerung weicher zu werden.

Finden Sie die Freude im Leben des von Ihnen geliebten Menschen. Möge Liebe das sein, woran Sie sich am meisten erinnern.

Darcie D. Sims *ist trauernde Mutter, Spezialistin in Trauerbewältigung, staatlich anerkannte Sterbebegleiterin, Spezialistin in seelsorgerischer Trauerarbeit sowie staatlich geprüfte Psycho- und Hypnotherapeutin. Sie ist Leiterin der* American Grief Academy *in Seattle, Washington, und hat zahlreiche Bücher und Materialien zur Trauerarbeit geschrieben.*

Kapitel 5

Die Fragen, die Witwen und Witwer am häufigsten stellen

von Mary Kendrick Moore

Im Laufe meiner Tätigkeit als Seelsorgerin in einem städtischen Notfallzentrum wurde ich häufig Zeugin tragischer Ereignisse. Wie oft begegnete ich Männern oder Frauen, die ins Krankenhaus eilten, nur um dort zu erfahren, dass ihre Partner an den Folgen eines Autounfalls, einer Schussverletzung oder im letzten Stadium ihrer Krankheit gestorben waren.

Das Ende dieser Begegnungen war immer vertraut und doch von einem Mysterium umgeben. Ich übergab den Ehepartnern die persönlichen Gegenstände des Toten und sprach einige Worte des Trostes. Wenn ich dann nichts mehr für sie tun konnte, sah ich zu, wie sie sich umwandten und davongingen – wie sie sich auf eine Reise begaben, die ganz die ihre war und die niemand sonst für sie antreten konnte.

Genau wie diese Menschen haben auch Sie sich nach dem Tod Ihres Partners auf eine Reise begeben, um herauszufinden, was es bedeutet, jeden Tag ohne den von Ihnen geliebten Menschen zu leben; auf eine Reise voller Fragen, die Qualen und herzzerreißende Schmerzen mit sich bringt.

Wie damit umgehen?

Nach dem Tod Ihres Partners sind Fragen ein normaler Teil des Trauerprozesses. Tatsächlich sind Fragen häufig die ersten Worte, mit denen wir unseren Gram ausdrücken. »Wie ist das möglich?«, schreien und weinen wir. Wann stellen wir normalerweise Fragen? Wenn wir Informationen oder Antworten brauchen, wenn wir Hilfe benötigen, wenn wir nach etwas suchen oder wenn wir uns verlaufen haben und verloren sind. All diese Elemente sind im Gram vorhanden, und unsere Fragen verleihen unseren Bedürfnissen eine Stimme. Gestatten Sie Ihren Fragen, zum Vorschein zu kommen, denn sie werden Ihre Führer und Lehrer sein. Gehen Sie behutsam mit sich um, wenn Sie nicht sofort eine Antwort erhalten oder gar keine.

Warum?

Auch wenn wir glauben, es gäbe auf jede Frage eine Antwort, so ist der Gram doch voller Fragen, die nicht beantwortet werden können. Zum Beispiel: »Warum geschieht mir das?« Kurz nach dem Tod eines Partners tauchen schwierige Fragen auf, die häufig mit *Warum* oder *Was hätte* beginnen. »Warum konnten wir uns nicht verabschieden?« »Warum hat er mich verlassen?« »Was hätten die Ärzte noch tun können?« »Was hätte ich noch sagen können, um sie wissen zu lassen, dass ich sie liebe?«

Fragen wie diese stellen Sie sich in der Leere nach dem Tod Ihres Partners häufig, während Sie Ihre Seele erforschen und Gott und andere Menschen verzweifelt fragen, warum Sie jetzt allein sind. Der Versuch, das Unbeantwortbare zu beantworten, kann zu Verzweiflung oder zu ungerechtfertigten Schuldgefühlen führen, die aus dem Gefühl der Hilflosigkeit entstehen.

Diese Fragen sind nicht Ausdruck der Suche nach einer logischen Erklärung, sie zeigen nur, wie sehr Sie Ihren Partner geliebt haben und wie sehr Sie ihn vermissen. Wenn Sie sich diese schwierigen Fragen stellen, stellen Sie sich auch diese Frage: »Was an ihm vermisse ich heute besonders?« Die Tränen werden vermutlich fließen, aber Tränen sind der Fluss, der dem Meer der Heilung entgegenströmt.

Die schwierigen Fragen nach dem Warum werden häufig Gott gestellt. »Gott, warum geschieht das mir?«

Sie werden

»Sie werden nie wieder der Mensch sein, der Sie einmal waren. Sie haben etwas verloren, aber durch diesen Verlust haben Sie auch etwas gewonnen. Sie werden Sie selbst sein – und Sie werden mehr als Sie selbst sein. Manche Menschen beschreiben diesen Prozess als Transformation, andere bezeichnen ihn als Auferstehung.
Aber ganz gleich, welche Worte Sie auch benutzen mögen, ist das Ergebnis doch dasselbe. Etwas Neues ist geschehen. Es wird etwas geboren, das ganz neu und ganz Ihr Eigenes ist. Etwas Unerwartetes wird geboren worden sein.«

James E. Miller: *Winter Grief, Summer Grace*

»Gott, warum hast du mich verlassen?« In seiner Trauer wehklagte David, der Verfasser der Psalmen: »Wie lange noch, Herr, vergisst du mich ganz? Wie lange noch verbirgst du dein Gesicht vor mir?« So sind auch wir aufgerufen, unseren Schmerz in seiner ganzen Tiefe vor Gott zu offenbaren: Traurigkeit, Zorn, Schuldgefühle. Diese Gefühle gegenüber Gott auszudrücken, ist ein wichtiger Teil unseres Glaubensweges.

 Werde ich es schaffen?

Bestimmte Fragen stellen bedrohliche Herausforderungen für die Verwitweten dar. Angst begleitet häufig Fragen wie: »Werde ich genug Geld haben, um die Rechnungen zu bezahlen?« »Schaffe ich es allein?« »Schaffe ich es, die Kinder allein großzuziehen?«

Solche Fragen fügen dem Gram der kürzlich Verwitweten noch zusätzliche Ebenen hinzu. Finanzielle Probleme, die alleinige Verantwortung für das Großziehen der Kinder und die Anforderungen, die die Regelung des Nachlasses an uns stellen, können überwältigend sein und uns überfordern. Alan, ein Mann Anfang vierzig, der nach dem Unfalltod seiner Frau die Kinder alleine großzieht, sagt: »Es ist doppelt so viel zu tun, aber ich habe nur halb so viel Energie, um es zu tun.« Stellen Sie vernünftige Erwartungen an sich selbst, nehmen Sie Hilfe von Freunden und Familienmitgliedern an oder bitten Sie darum.

 Wann wird der Schmerz aufhören?

Vielleicht besteht die einzige Gewissheit, die wir in Bezug auf Trauer haben, darin, dass sie nicht so schnell verschwinden wird. Sie fragen sich vermutlich, ob das Leben jemals wieder einen Sinn haben oder angenehm sein wird. Die Fragen, die sich Ihnen in diesen Tagen stellen – wie »Werde ich je wieder glücklich sein?« oder »Wird die Einsamkeit jemals aufhören?« – geben dem unbarmherzigen Wesen des Grams eine Stimme.

Wenn Sie sich fragen, ob Sie jemals wieder glücklich sein werden, sollten Sie sich auch zwei andere Fragen stellen: »Was, wenn ich wieder glücklich wäre?« Und: »Wann war ich mit meinem Partner am glücklichsten?«

Gestatten Sie sich, optimistisch in die Zukunft zu blicken, und erfreuen Sie sich an den Erinnerungen an Momente, die Sie in der Vergangenheit glücklich gemacht haben. So wie eine Meereswelle anschwillt, bis sie ihre volle Höhe erreicht hat, um dann langsam wieder ins Meer zurückzusinken, so werden Sie mit jedem Monat, der vergeht, spüren, dass die Wellen der Trauer immer schneller wieder zurückgehen.

 Wer bin ich jetzt?

In einer Beziehung, die Jahre überdauert hat, ist Ihre Identität als Partner ein wichtiger Teil dessen, wie Sie sich selbst sehen. Sie fühlen sich vermutlich ohne Ihren Partner

Mitten im

»Mitten im Winter habe ich schließlich gelernt, dass es in mir einen unbesiegbaren Sommer gibt.«

Albert Camus

verloren und wissen nicht, wie Sie sich als alleinstehende Person verhalten sollen. Sie fragen sich, ob Sie wieder am sozialen Leben teilnehmen oder sich sogar verabreden sollen.

Bisher haben Sie Ihre Tage, Termine, Mahlzeiten, Ausflüge und Ferien gemeinsam geplant, wobei Sie Rücksicht auf die Bedürfnisse und Wünsche Ihres Partners genommen haben. Aber plötzlich gibt es nur noch Sie. Der Schmerz und die Angst, die Begleiter der Einsamkeit sind, können dazu führen, dass Sie zu früh eine neue Beziehung eingehen, einfach weil Sie es nicht ertragen, allein zu sein. Ein riesiger Teil Ihres Lebens ist nun verschwunden. Geben Sie sich Zeit, um zu heilen und zu akzeptieren, dass das Leben nie wieder wie vorher sein wird.

Mit der Erfahrung kommt auch allmählich der Versuch, ein anderes Leben ohne Ihren Partner auszuprobieren. Nach dem Tod meines Vaters hatte meine Mutter damit zu kämpfen, wie ihr Leben ohne ihn aussehen würde. Monate nach seinem Tod rief sie mich an, um mir mitzuteilen, dass sie den Führerschein gemacht und sich ein neues Auto gekauft hatte – mit 70! Sie gab dem Neuen und Anderen Raum in ihrem Leben und entdeckte neues Selbstvertrauen und ein Gefühl der Unabhängigkeit.

Verwitwete Menschen entdecken manchmal Aspekte von sich selbst, die sie während der Beziehung nicht gekannt oder für möglich gehalten hatten. Das mindert die Liebe für ihren Partner nicht, es ist ein Tribut an die Kraft,

Ich möchte

»Ich möchte Sie … bitten … Geduld zu haben gegen alles Ungelöste in Ihrem Herzen und zu versuchen, die Fragen selbst liebzuhaben wie verschlossene Stuben und wie Bücher, die in einer sehr fremden Sprache geschrieben sind. … Es handelt sich darum, alles zu leben. Leben Sie jetzt die Fragen. Vielleicht leben Sie dann allmählich, ohne es zu merken, eines fernen Tages in die Antwort hinein.«

Rainer Maria Rilke

die wir selbst während der Trauer in unserer Individualität finden können.

 Was nun?

Auf gewisse Fragen, die in der Trauerphase auftauchen, gibt es allerdings Antworten, wie Sie selbst bald herausfinden werden. »Wann soll ich zur Arbeit zurückkehren?« Oder: »Soll ich anfangen zu arbeiten?« »Soll ich umziehen?« Oder: »Was soll ich mit den persönlichen Sachen meines Partners machen?« Sie denken nun vielleicht, dass es einfacher wäre, wenn Ihnen jemand die Antworten auf diese Fragen geben würde, aber in Wahrheit müssen die Antworten von Ihnen selbst und zum richtigen Zeitpunkt gefunden werden. Keine zwei Wege auf dem Weg der Trauer sind genau gleich. Lassen Sie sich Zeit, die Antworten werden kommen.

Kaum waren die Kinder aus dem Haus, wurde eine Frau mittleren Alters nicht nur mit dem Tod ihres Mannes konfrontiert, sondern auch mit einer Reihe von sehr komplexen Umständen, die mit seiner Geisteskrankheit und Drogenabhängigkeit zu tun hatten. Obwohl sie sehr darum trauerte, wie ihr gemeinsames Leben hätte aussehen können, machte sie doch eine Weiterbildung als Krankenschwester und begann sogar wieder zu studieren. Dann zog sie in eine andere Stadt und fand neue Freunde.

Solche Entscheidungen sind sehr persönlicher Natur. Sie können Ihr Leben als alleinstehender Mensch akzeptieren oder eine neue Beziehung anstreben. Widerstehen Sie der Versuchung, wichtige Entscheidungen überstürzt zu treffen, nur um die schmerzhaften Gefühle der Trauer zu vermeiden. Suchen Sie sich einen Freund, dem Sie vertrauen und der vielleicht auf ähnliche Weise getrauert hat, und besprechen Sie Ihre Entscheidungen mit ihm, bis Sie sich ganz sicher sind, welche Veränderungen Sie wirklich vornehmen wollen.

Nur Mut!

Nach einem schweren Verlust tut sich vor Ihnen ein gewaltiger Abgrund auf. Zwar finden Sie in diesem Abgrund weder Erklärungen noch Rechtfertigungen für Ihren Verlust, aber im Laufe der Zeit und des Heilungsprozesses entsteht in diesem Abgrund Platz für etwas Neues. Ihr Herz wird sich allmählich wieder öffnen, und Sie werden sich wieder Aktivitäten oder Beziehungen widmen, die Ihnen helfen, den leeren Raum in sich zu füllen – seien es nun neue Freundschaften, die Mitgliedschaft in einem lokalen Buchklub oder Freiwilligenarbeit bei einer Hilfsorganisation.

Die Lehrerin in mir war immer der Meinung, dass wir, solange wir eine Frage stellen können, auch etwas lernen werden. In Ihrer Trauer, in der Leere Ihres Verlustes, können Sie heilen, solange Sie Fragen stellen und andere einladen können, Teil Ihres Weges zu sein. Das Wesen einer Frage beinhaltet, dass wir etwas suchen, das über uns hinausgeht, das unserem Erleben Sinn verleiht und uns Trost spendet. Solange noch Fragen auftauchen, existieren Aspekte der Trauer, die anerkannt werden wollen. So wie Sie eines Tages in der Rückschau feststellen, dass die Wunde nicht mehr so sehr schmerzt, so werden auch Ihre Fragen allmählich weniger werden und nicht mehr so drängend sein.

Fünf Jahre nach dem Tod Ihres Mannes sagte eine 82-jährige Freundin zu mir: »Ich habe jetzt ein neues Leben mit neuen Freunden in einem neuen Haus. Ich habe ihn furchtbar vermisst, und mit meinen Tränen hätte man Eimer füllen können. Aber eines Tages wurde mir klar, dass ich wieder glücklich sein könnte.«

Leben Sie Ihre Fragen – und mögen Sie zu der Überzeugung gelangen, dass auch Sie wieder glücklich sein werden.

Mary Kendrick Moore ist Geistliche der United Church of Christ, *Krankenhauskaplanin und Autorin.*

Kapitel 6

Wenn der Partner plötzlich stirbt

von Ann Solari-Twadell

Es war

Es war der erste warme Samstag im Frühjahr. Ich musste am Morgen arbeiten, und da ich wusste, dass mein Mann Steve mit unserem Sohn eine Fahrradtour machen wollte, trödelte ich nach der Arbeit ein wenig und hielt am Einkaufszentrum an. Als ich nach Hause kam, waren alle Fenster offen und ließen den ersten Duft des Frühlings ins Haus.

Auf dem Anrufbeantworter war eine Nachricht. Ich hörte meinen Sohn sagen, dass Steve beim Fahrradfahren plötzlich Schmerzen in der Brust bekommen hatte. Er hinterließ den Namen des Krankenhauses, damit ich dort anrufen konnte. Als ich dort anrief, sagte man mir, dass mein Sohn auf dem Nachhauseweg war, um mich zu holen. Sie hatten getan, was sie konnten, wurde mir gesagt, aber mein Mann war trotz ihrer Bemühungen gestorben.

Wie damit umgehen?

Im Gegensatz zu Menschen, die ihren Liebsten im Verlauf einer längeren Krankheit verlieren, verändert sich das Leben nach dem plötzlichen Tod des Partners von einem Augenblick auf den anderen. Es gibt keine Möglichkeit, sich auf die anstehenden Veränderungen vorzubereiten. Aber mit der Zeit werden Sie damit zurechtkommen. Hier sind einige Vorschläge, die Ihnen möglicherweise dabei helfen können.

Akzeptieren Sie Ihre Verletzlichkeit

Ich hatte plötzlich den Spiegel meiner Seele verloren, als Steve starb. Wir hatten eine sehr enge Beziehung gehabt. Er konnte Dinge an mir wahrnehmen, die mir selbst nicht bewusst waren – und umgekehrt. Ich hatte mich immer auf seine Einsichten verlassen können, und er war meine größte Unterstützung gewesen. Hatte ich Selbstzweifel, war er da gewesen, um mich zu ermutigen, die Gaben, die mir gegeben worden waren, zu würdigen und auf ihnen aufzubauen. Nun da er weg war, kam ich mir sehr verletzlich vor.

Manchmal war ich emotional sehr verletzlich, obwohl ich es nicht wollte. Es war für mich wichtig, das zu akzeptieren. Es war unmöglich vorherzusehen, wann unser Lieblingslied in einem Restaurant gespielt werden oder wann jemand sein Rasierwasser benutzen würde. Wenn ich es am wenigsten erwartete, brachten ein Lied, ein Geruch, ein Geräusch oder ein Ort Wellen der Traurigkeit mit sich, so dass die Tränen flossen. Es ist schwierig, seine Traurigkeit auszudrücken, besonders dann, wenn andere Personen dezente Hinweise darauf geben, dass nun »genug Zeit vergangen sei« und dass ich »mich nicht mehr so fühlen solle«. Wenn es mir notwendig schien, entschuldigte ich mich und suchte mir einen Ort, an dem ich so sein konnte, wie ich in dem Moment sein musste.

 Kümmern Sie sich um sich selbst

Um Emotionen auszuleben und neue Energie zu gewinnen, sollten Sie sich jeden Tag ausreichend bewegen. Ich nutzte die Energie, die ich noch hatte, um fast jeden Tag Aerobic zu betreiben. Das wurde mir sehr wichtig und gab mir einen positiven emotionalen Schub. Es ist schwierig, sich regelmäßig zu bewegen und Sport zu treiben, wenn Sie weder Energie noch Begeisterung aufbringen können. Aber Beharrlichkeit wird sich positiv auf Ihre Gefühlslage auswirken. War Fitness vor dem Tod Ihres Partners nicht Teil Ihres Lebens, wird es zwar schwierig sein, jetzt damit anzufangen, aber es ist die Mühe wert.

Etwa drei

»Etwa drei Tage nach Steves Tod wachte ich auf und bekam schreckliche Angst, weil ich mich plötzlich nicht mehr an sein Lachen erinnern konnte. Verlor ich den Verstand? Zum Glück war Steve auf einem Video von der Hochzeit unserer Tochter zu sehen. Ich fand das Video und hörte zu, wie er lachte. Es spendete mir Trost zu wissen, dass mich zwar aufgrund des plötzlichen Verlusts mein Gedächtnis im Stich ließ, es aber Hilfsmittel gab, die mich während dieser Zeit unterstützen würden.«

Gehen Sie es Schritt für Schritt an. Manchmal ist es sogar nur ein sehr kleiner Schritt, den Sie machen können. Mit der Zeit merkte ich, dass auch der größte Stress einmal vorbeigeht. Ich ging alles langsam an, weil mir bewusst war, dass die tägliche Auseinandersetzung mit dem Gram nur wenig Energie für andere Dinge übrig ließ. Ich befasste mich nur mit den Dingen, die unbedingt erledigt werden mussten. Alles andere musste eben warten. Während einer solchen Phase muss das eigene Wohlbefinden Vorrang vor allem anderen haben.

 Fangen Sie an, den Schmerz loszulassen

Ich hatte noch einige Schuldgefühle gegenüber Steve und auch noch einigen Zorn in mir – was ganz natürlich ist, wenn Sie einen geliebten Menschen unerwartet verlieren. Die Beziehung fühlt sich irgendwie unvollständig und unvollkommen an, und manchmal verspüren wir Zorn, weil wir uns von unserem verstorbenen Partner im Stich gelassen fühlen. Ich fand es hilfreich, in meinem Bemühen, über unsere Beziehung nachzudenken, ein Tagebuch zu führen.

Im Lauf der Zeit wurde es wichtig, dass ich Steve und mir dafür vergab, dass wir nicht vollkommen gewesen waren, und dass ich die schädlichen Gefühle von Schuld und Zorn losließ. Wenn wir uns nicht mit diesen Gefühlen befassen, können sie dazu führen, dass wir in der Negativität stecken bleiben. Sie müssen sich aber nicht zwingen, schmerzhafte Gefühle loszulassen, denn dies wird ganz natürlich geschehen, wenn Sie sich Zeit und Raum geben, um den Schmerz wirklich zu fühlen.

Suchen Sie sich spirituelle Unterstützung

Nach Steves Tod hatte ich Schwierigkeiten zu beten. Ich fand es schwierig, mich auf irgendetwas zu konzentrieren. Zum Glück gehöre ich einer Gemeinde an, die tägliche Andachten abhält. Ich begann jeden Tag, indem ich zu einer dieser Andachten ging. Ich war froh über die Gebete für Steve und mich. Sowohl an meinem Arbeitsplatz als auch in der Gemeinde gab es viele, die uns in ihre Gebete einschlossen. Das Wissen, dass so viele Menschen mich mit ihren Gebeten unterstützten, gab mir viel Kraft und Hoffnung. Ich entdeckte, dass ich zwar nicht beten konnte, dass mir aber die Gesellschaft von Menschen, die es konnten, half zu spüren, dass Gott in dieser Zeit des Verlustes mit mir war.

Wenn Beten für Sie im Moment schwierig ist, suchen Sie die Gesellschaft von Menschen, die es tun. Gehen Sie häufig zur Andacht. Das kann Ihnen helfen, sich wieder in eine Glaubensgemeinschaft zu integrieren. In ihrer Mitte werden Sie entdecken, dass Sie von ihrer Energie und ihrem Glauben unterstützt werden. Falls Sie kein aktives Mitglied einer Gemeinde sind, kann dies für Sie die Gelegenheit sein, sich einer anzuschließen.

Ich entdeckte

»Ich entdeckte, dass ich zwar nicht beten konnte, dass mir aber die Gesellschaft von Menschen, die es konnten, half zu spüren, dass Gott in dieser Zeit des Verlustes mit mir war.«

Reservieren Sie jeden Tag eine Zeit der Stille für sich. Dies ist allein Ihre Zeit: eine Zeit der Besinnung, eine Zeit, sich Ihrer eigenen Gefühle bewusst zu werden. Für mich war es sehr hilfreich, Gedanken, Gefühle, Träume und Sorgen in mein Tagebuch zu schreiben. Es half, sie zu Papier zu bringen, da ich sie so klarer erkennen konnte. Vielleicht ist es ja auch für Sie von Nutzen, vielleicht ziehen Sie es aber auch vor, einfach still dazusitzen – mit einer Kerze und leiser Musik.

Finden Sie Möglichkeiten, das Leben wieder zu genießen und dankbar zu sein

Eines Morgens, etwa fünf Monate nach Steves Tod, wurde mir auf einmal bewusst, dass es in meinem Leben nicht mehr viel Spaß gab und nicht mehr viel gelacht wurde. Als Steve noch bei mir war, hatten wir immer viel Spaß gehabt. Ich musste nichts dafür tun oder danach suchen. Dies brachte ein Thema ans Licht, dem ich mich widmen musste. Wie konnte ich Freude und Spaß wieder in mein Leben integrieren? Wieder war es sehr nützlich, Freunde zu haben, mit denen ich diese Einsicht teilen konnte. Und langsam wurde es im Lauf der nächsten Monate wieder etwas normaler, Spaß zu haben und zu lachen.

Ich arbeitete besonders daran, dankbar zu sein. Statt mich auf die Leere zu konzentrieren, die entstanden war, versuchte ich, mich auf die vielen wunderbaren Dinge zu konzentrieren, die Steve und ich gemeinsam unternommen

In finanzieller

»In finanzieller Hinsicht konnte ich mich glücklich schätzen, da ich schon vor Steves Tod die Rechnungen bezahlt und unsere Finanzen geregelt hatte. Ich litt also nicht unter finanzieller Ungewissheit. Für jene, deren Partner nicht vorgesorgt und kein Testament aufgesetzt hat, kann die finanzielle Verwirrung ein großes Problem sein. Falls Ihr Partner bisher die Finanzen geregelt hatte, verwirren Sie möglicherweise Dinge wie der Umgang mit Rechnungen, Versicherungspolicen, Schulden und Erbschaftsangelegenheiten. Sollte dies der Fall sein, kann zusätzlich zu der langen Liste der Gefühle, mit denen Sie zu kämpfen haben, auch noch Panik hinzukommen. Suchen Sie sich einen Finanzprofi, dem Sie in dieser Zeit großer Verletzlichkeit vertrauen können. Bestehen Sie darauf, alles gemeinsam zu erledigen, damit Sie es selbst lernen. Sie müssen damit rechnen, sich manchmal von Ihrer Trauer überfordert zu fühlen, während Sie sich diesen Aufgaben widmen. Lassen Sie sich Zeit. Schieben Sie größere finanzielle Entscheidungen mindestens sechs Monate auf – oder besser noch ein Jahr.«

hatten, auf unsere wundervollen Kinder, auf die Tatsache, dass er nicht leiden musste und dass er mit seinem geliebten Sohn zusammen gewesen war, als er starb, und nicht auf Reisen im Ausland, wie es so oft der Fall gewesen war. Anderen von meiner Dankbarkeit zu erzählen, half mir, sie noch stärker zu empfinden.

Stellen Sie eine Liste der Dankbarkeit auf. Selbst angesichts des plötzlichen Verlustes unseres Partners gibt es noch vieles, für das wir jeden Tag dankbar sein können. Für mich war es, dass die Sonne schien oder jemand aus der Familie angerufen hatte. Manchmal war ich einfach nur dankbar dafür, dass ich gut geschlafen hatte. Überlegen Sie sich, für welche einfachen Dinge Sie heute dankbar sein können. Das wird zu Ihrer Heilung beitragen.

Nur Mut!

Wenn Sie unerwartet Ihren Partner verlieren, wird eine klaffende Wunde in Ihr Leben gerissen. Es gibt keine andere Art es zu beschreiben. Es gibt kein Patentrezept, wie man diese Wunde verschließen kann. Aber wenn Sie bereit sind, der leisen Stimme in sich zuzuhören, und wenn Sie sich für die Hilfe anderer Menschen öffnen, dann kann diese klaffende Wunde heilen. Die Narbe bleibt, aber durch die Gnade Gottes und die Liebe von

Familienangehörigen und Freunden werden Sie wieder in der Lage sein, ein volles und sinnerfülltes Leben zu führen.

Ann Solari-Twadell ist Krankenschwester und Leiterin des International Parish Nurse Resource Center *in Park Ridge, Illinois. Sie hat eine Tochter und einen Sohn, die beide verheiratet sind. Vor kurzem wurde sie zum ersten Mal Großmutter.*

Kapitel 7

Sechs Kraftquellen, aus denen wir nach dem Tod des Partners schöpfen können

von Jane Genzel

In den ersten Wochen, dem ersten Monat, dem ersten Jahr lehrte mich der Tod meines Mannes viele Dinge. So schmerzhaft Dons Tod auch war – und immer noch ist –, so ist das erste Jahr für mich doch auch ein Gipfelerlebnis gewesen.

Aus seinem Tod erwuchsen mir Möglichkeiten und Erfahrungen, die ich sonst nicht hätte machen können. In diesem Kapitel möchte ich diese mit Ihnen teilen.

Wie damit umgehen?

Wenn Ihr Partner stirbt, fragen Sie sich, wie Sie weiterleben sollen. Der Schmerz, der durch sein Fehlen hervorgerufen wird, zerreißt Sie in Ihrem Innersten. Sie sehnen sich nach noch einem Gespräch, nach noch einer Gelegenheit, mit ihm über Ihre Alltagsprobleme zu sprechen. Natürlich ist das unmöglich, aber zum Glück gibt es Hoffnung, und die Dinge können sich zum Besseren wenden. Ich schildere hier einige Dinge, die ich aus meinen eigenen Erfahrungen gelernt habe – in der Hoffnung, dass Sie davon profitieren werden.

Sie lernen, sich Herausforderungen zu stellen

Als mein Mann starb, bereiteten mir viele Dinge, die manche Menschen als schwierig empfinden, keine Probleme. Ich war zum Beispiel nicht wütend, weil mich mein Liebster »im Stich gelassen« hatte. Ich wusste ja, dass es nicht Dons Entscheidung gewesen war, mich und unsere beiden Söhne zu verlassen.

Mit zwei Kindern unter zehn Jahren musste ich mich auch nicht mit der plötzlichen Stille im Haus herumschlagen. Viele Witwen und Witwer brauchen Zeit, um sich an ein leeres Bett zu gewöhnen. Aber ich freute mich jeden Abend darauf, ins Bett zu gehen, weil ich so müde war. Und wenn ich schlief, spürte ich den Schmerz nicht.

Für mich war am schwierigsten, dass sich mein Leben nach dem Tod meines Mannes dauerhaft verändert hatte. Mir hatte mein altes Leben sehr gefallen, und ich wollte es wiederhaben. Trost fand ich in der Gesellschaft anderer Witwen, die das Ausmaß meines Verlustes verstanden. Und ich fand einen guten Therapeuten, den ich zwei Mal im Monat aufsuchte. Er stellte ein objektives Resonanzinstrument dar (was bisher die Stärke meines Mannes gewesen war), das ich brauchte, bis ich andere gefunden hatte, die die Lücke füllen konnten, die Don hinterlassen hatte. Andere Witwen haben mir erzählt, dass die Gegenwart und Rücksichtnahme von Freunden und Familienangehörigen, denen der verstorbene Partner etwas bedeutet hatte, das Gefühl des Verlustes kompensierten.

Sie lernen, das Unerwartete zu erwarten

Dons Tod gab mir die Chance zu lernen, Veränderungen zu akzeptieren, das zu akzeptieren, was Gott mir beschert, und Umstände zu akzeptieren, die sich meiner Kontrolle entziehen. Das alles sind schwierige Lektionen, die mich auch weiterhin herausfordern.

Ein Teil des Schmerzes, der durch Dons Tod ausgelöst worden war, bestand in dem Verlust dessen, was ich mir für die Zukunft ausgemalt hatte: dass wir weiterhin eine Familie mit zwei Eltern sein würden, dass Don bei all den besonderen Anlässen unserer Söhne dabei sein würde,

Es mag

»Es mag immer eine kleine Stelle in Ihnen geben, die hohl und leer bleibt. Ehren Sie sie. Eine beständig stille Leere kann Gottes Art sein, die Verbindung zu dem geliebten Menschen aufrechtzuerhalten.«

Karen Katafiasz: *Vertraue deiner Trauer*

dass wir Silberhochzeit feiern würden. Es schmerzte mich, dass wir nun all die Dinge nicht tun würden, von denen wir gedacht hatten, dass wir sie gemeinsam machen würden.

Mein Leben mit Don war von Glück erfüllt. Wir hatten vor, uns zu lieben, bis »dass der Tod uns scheidet«. Wir konnten allerdings nicht damit rechnen, dass der Teil mit dem Tod so schnell eintreten würde. Mein Leben wich von dem Weg ab, den ich kannte und auf dem ich erwarten konnte, dass bestimmte Ereignisse eintreten würden, und der neue Weg führte in eine vollkommen unbekannte Zukunft.

Irgendwann wurde mir dann klar, dass ich auf diesem neuen Weg ebenfalls Glück finden könnte. Der neue Weg war zwar unbekannt, aber er könnte doch gut sein.

Sie werden unerwartete Kraftquellen finden

In der ersten Woche nach Dons Tod erfuhr ich, dass Menschen großzügig und nett sind. Sein Tod gab Freunden, Verwandten und Bekannten die Gelegenheit zu zeigen, wie sehr sie Don liebten und wie sehr sie sich um seine Familie sorgten. Drei Monate lang brachten uns die Eltern der Mitschüler meiner Jungen das Abendessen. Jeden Mittwochabend passte eine junge Frau unentgeltlich auf die Kinder auf, während ich zur Uni ging, um meinen Master abzuschließen.

Menschen, die ich kaum kannte, kamen und halfen mir, das Dach und die Außenwände unseres Hauses zu erneuern. Die Menschen sahen meine Not und setzten ihre gottgegebenen Talente ein, um meinen Schmerz zu lindern. Ihre Hilfe und Fürsorge bestätigten meine Überzeugung, dass die Menschen an sich gut sind. Die Liebe und Fürsorglichkeit, die von allen Seiten kam, waren Teile einer Gipfelerfahrung, die aus einer Tragödie erwuchs.

Ich erkannte, dass ich stark war. Die Umstände meines Lebens machten mich stärker. Es kam häufig vor, dass ich glaubte, nichts mehr bewältigen und nicht noch eine weitere handwerkliche Fähigkeit lernen zu können. Dons Tod gab mir Gelegenheit, die Kraft und das Verständnis zu entwickeln, mit schwierigen Situationen fertigzuwerden. Zudem fand ich die Telefonnummer eines guten Klempners heraus.

Dons Tod gab mir die Möglichkeit, das Leben umfassender zu würdigen. Die Umstände seines Todes zeigten mir, dass Menschen plötzlich von uns gehen können und dass wir ihre Anwesenheit nicht für selbstverständlich halten sollten. Ich versuche, die Menschen so zu akzeptieren, wie sie sind, nicht wie ich sie haben möchte. Das Leben ist zu kostbar, um Zeit darauf zu verschwenden, andere zu verändern.

Dons Tod gab mir auch die Chance, meine Bewältigungsstrategien zu verbessern. Mein Leben mit ihm war glücklich und ich war zufrieden gewesen. Nachdem er

»Mein Kummer hat mich gelehrt, glücklich zu sein. Ich weiß, dass dies ein Widerspruch zu sein scheint, aber wenn Sie lange genug leben, werden Sie herausfinden, dass das Leben häufig selbst ein Widerspruch ist.«

Ana Veciana-Suarez, Witwe und Reporterin

gestorben war, war ich entschlossen, wieder glücklich zu sein. Ich bemühte mich nach Kräften, die Leere mit Aktivitäten zu füllen, die mir Freude machten. Ich verbrachte Zeit mit Freunden, trat einem Chor bei, entspannte mich in der Sauna. Die Jungen und ich stellten eine große Liste mit den Dingen zusammen, die wir tun wollten: tanzen, verreisen, Pizza essen. Ich fand das Glück, indem ich mein Leben langsam mit Aktivitäten erfüllte, die mir Freude bereiteten.

Ich erkannte auch, dass ich nun die Chefin war. Also ging ich los und kaufte die Geschirrspülmaschine, die mein Mann nicht gewollt hatte. Ich musste über meine Entscheidungen mit niemandem mehr diskutieren. Dies kann zwar eine Last sein, ist aber auch sehr befreiend. Sie können tun, was immer Sie tun möchten.

Sie leben mit schmerzhaften Gefühlen

Es brach mir das Herz, als mein Sechsjähriger sagte: »Ich möchte doch nur noch einmal mit Papi reden.« Und ganz gewiss verstand ich, was er dabei fühlte. Ich wollte in Dons Armen sein und mich noch einmal sicher, geliebt, angenommen und wertvoll fühlen.

Es gibt immer noch schmerzhafte Augenblicke. Wenn meine Söhne einen Vater sehen, der seine Kinder schlecht behandelt, begreifen sie nicht, warum Gott ihnen einen guten Vater genommen hat. Ganz gleich, wie gut Sie auch zurechtkommen mögen, es wird immer wieder Dinge ge-

Nach einer

»Nach einer langen Ehe und einem Leben mit einer Gefährtin an seiner Seite, fragte sich ein Mann, was wohl mit seiner Frau geschehen würde, sollte er als Erstes sterben. Ging es ihm nicht gut, sagte er zu ihr: ›Was wirst du nur ohne mich tun? Wie wirst du nur zurechtkommen?‹ Sie machte sich ähnliche Sorgen.
Nach seinem Tod wurde ihr klar, dass sie besser zurechtkam, als sie erwartet hatte. Dabei half ihr, dass sie vor ihrer Ehe mehrere Jahre lang ein unabhängiges Leben geführt hatte. Es half ihr, dass sie Freunde hatte, mit denen sie Zeit verbringen konnte. Es half ihr, dass sie ihre Tage mit ehrenamtlicher Arbeit an einer Grundschule und in einem Seniorenzentrum verbrachte. Es war nicht immer leicht, aber sie fand heraus, wie sie für sich selbst sorgen konnte.«

ben, die einfach wehtun. Obwohl meine Söhne ihren Vater nur eine kurze Zeit hatten, gibt es doch auch Kinder, die überhaupt keine positiven Erfahrungen mit ihrem Vater machen. Meine Söhne sind dankbar für das gute Vorbild, das Don ihnen war, und für den Spaß und die Freude, die wir mit ihm erleben durften.

 Ihr Glaube kann den Schmerz lindern

Dons Tod stärkte meinen Glauben. Hatte ich das Gefühl, nichts mehr bewältigen zu können, wusste ich, dass Gott für mich sorgte, und Gottes Fürsorglichkeit hielt mich aufrecht. Ich fand Trost in den Bibelversen, die ich hörte, und in den Liedern, die ich sang. Immer wenn ich mit etwas zu kämpfen hatte, ging ich in die Kirche, hörte Gottes Wort und gewann Einsichten in meine aktuell schwierige Situation.

Ich kann die Anzahl der Offenbarungen nicht benennen, die mir zuteilwurden und mir halfen, ein friedvolles Verständnis der Situation zu erlangen. Es wurde mir im Laufe der Jahre zur Angewohnheit, Frieden und Verständnis in Gottes Wort zu finden.

 Sie vergessen nie, aber Sie gehen voran

Irgendwann erkannte ich, dass ich mehr wollte, als nur Geborgenheit in den Armen eines anderen Menschen zu finden. Ich wollte auch, dass meine Kinder glücklich waren und gute Noten nach Hause brachten; ich wollte, dass sie Freunde und ein »normales« Leben hatten. Ich wollte meinen Master machen, ich wollte reisen, ich wollte eine neue Stelle annehmen, ich wollte zehn Kilo abnehmen. Ich richtete meinen Fokus neu aus.

Menschen hinterlassen uns Geschenke, während sie durch unser Leben gehen. In meiner Agenda hebe ich noch immer eine Weihnachtskarte von Don auf. Darauf schrieb er, wie sehr er mir für alles dankbar war, was ich tat, und dass es ihn glücklich machte, mit mir verheiratet zu sein. Don mag tot sein, aber er ist auf ewig in meinen Gedanken und in meinem Herzen, und er sagt, dass ich wunderbar bin. Ich bin so dankbar, dass ich Zeit mit ihm verbringen durfte. Ich verstand, dass ein Mensch, den wir lieben, zu einem Teil von uns wird und dass er immer bei uns ist – selbst nach seinem Tod.

Der Tod meines Mannes brachte unglaublichen Schmerz in mein Leben. Aber langfristig gesehen führte er auch zu neuen Freuden. Durch Dons Tod kam ich in Kontakt mit Menschen, die ich normalerweise nicht kennengelernt hätte. Neue Erfahrungen wurden Teil meines Lebens. Ich wurde zu einem neuen Menschen. Ich kam Gott näher.

Nur Mut!

Manchmal ist der Schmerz so groß, dass es nicht möglich ist zu sehen, wie aus dem Tod des Partners etwas Gutes entstehen könnte. Aber ich glaube, dass Sie im Lauf der Zeit durch das Gebet, mit Mut und der Hilfe von fürsorglichen Menschen über den Verlust hinausblicken können und das Licht sehen werden – wie ich es tat.

Jane Genzel ist wieder verheiratet und arbeitet als Leiterin von Habitat for Humanity *daran, in Peoria, Illinois, Häuser zu bauen.*

Kapitel 8

Wie wir nach einem Verlust die Einsamkeit überwinden

von Erin Diehl

Als mein Mann Dave vor acht Jahren nach nur dreimonatiger Krankheit an Krebs starb, litt ich unter einer so immensen Einsamkeit, dass ich dachte, dieser gewaltige Abgrund des Schmerzes könnte niemals wieder gefüllt werden. Meine Tage waren ein endloses Labyrinth sinnloser Routinetätigkeiten, und meine Gefühle liefen Amok wie eine außer Kontrolle geratene Achterbahn.

Die Nächte waren noch schlimmer. Ich konnte nicht schlafen und verbrachte die einsamen Stunden mit Lesen und Beten oder wanderte auf der Suche nach irgendetwas im Haus umher. Ich war allein, und mein großes, altes viktorianisches Haus war voller schmerzhafter Erinnerungen an unsere dreiundvierzig gemeinsamen glücklichen Jahre. Wie sollte ich es da alleine schaffen?

Wie damit umgehen?

Wenn ich jetzt zurückblicke, spüre ich nur noch einen milden Stich im Herzen, obwohl ich immer noch die Güte und liebevolle Gegenwart meines Mannes vermisse. Heute kann ich dem anonymen Zitat, das ich vor acht Jahren an meinen Kühlschrank klebte, zustimmen: »Es ist nicht so schlimm. Und du bist nicht die Einzige.« Wie hatte ich es geschafft, wieder Frieden in meinem Herzen zu finden?

Da ich vor acht Jahren beschloss, eine »kreative Hinterbliebene« zu sein, wie es in den vielen Büchern, die ich in den schlaflosen Nächten der Gram las, beschrieben wurde, versuchte ich, so viele praktische Dinge wie nur möglich zu tun. Ich war sehr lange nicht ich selbst, aber einige der Dinge, die ich als hilfreich empfunden habe, können auch Ihnen möglicherweise helfen.

Gehen Sie auf Ihre Freunde zu

Viele Freunde zu haben, war immer mein größter Segen. Vielleicht liegt das daran, dass ich ein Einzelkind war und gelernt hatte, auf andere Menschen zuzugehen. Nach dem Tod meines Mannes musste ich lernen, dass ich, wenn die Einsamkeit zu erdrückend wurde, nicht herumsitzen und darauf warten durfte, angerufen zu werden. Ich musste aktiv werden und die Initiative ergreifen.

Natürlich kam es auch vor, dass ich enttäuscht wurde. Manchmal musste ich überrascht feststellen, dass bestimmte Leute, von denen ich mir Aufmerksamkeit erhofft hatte, einfach nicht für mich da waren. Andere, von denen ich nicht viel erwartete, unterstützten mich hingegen liebevoll. Das gilt auch für Familienangehörige. Manche werden Sie wahrscheinlich auf unglaubliche Weise unterstützen, während andere nicht in dem Maße für Sie da sein werden, wie Sie es sich erhoffen. Lassen Sie sich davon nicht unterkriegen. Wenn Sie sich um Hilfe bemühen, werden Sie auch Hilfe bekommen.

Elaine, eine meiner Freundinnen, war stets eine Quelle der Kraft für mich. Wir leben in derselben Kleinstadt, waren aber vor dem Tod ihres Mannes vor drei Jahren nur oberflächlich miteinander bekannt gewesen. Ihr Mut und ihr Glaube inspirierten mich sehr, vor allem wenn ich zusah, wie sie versuchte, mit der Einsamkeit des Witwendaseins zurechtzukommen. Elaine und ich sind schnell Freundinnen geworden. Vielleicht kennen ja auch Sie jemanden, der einen ähnlichen Verlust wie Sie erlitten hat und mit dem Sie nun eine freundschaftliche, unterstützende Beziehung eingehen können.

Aus Verlust

»Aus Verlust kann Gewinn werden, ein Segen, geboren aus Schmerz. Doch wenn die Blicke ich zu dir nur wende, ersetzt ist alles und mein Gram zu Ende.«

William Shakespeare

 Gedenken Sie Ihres Verlustes

Wenn Sie den Tod eines geliebten Menschen betrauern, suchen Sie nach Möglichkeiten, Ihre Gefühle auszudrücken, aber auch die fortdauernde Präsenz des Geliebten in Ihrem Leben zu symbolisieren. Freunde von mir, die ihren dreißigjährigen Sohn an Aids verloren hatten, hielten im Untergeschoss unserer Kirche eine wunderschöne Zeremonie ab, ein freudvolles Gedenken an das Leben ihres Sohnes Joe mit liebgewonnenen Erinnerungen wie seinem alten Football-Trikot, verschiedenen Siegerurkunden und Fotos aus verschiedenen Stadien seines Lebens. Mit dem wunderschönen Foto von Joe, das neben den Fotos ihrer anderen Kinder in ihrem Wohnzimmer hängt, scheinen sie sagen zu wollen: »Ja, wir vermissen Joe, aber er ist immer noch bei uns.«

Suchen Sie nach Möglichkeiten, das Geschenk, das der geliebte Mensch für Sie war, zu zelebrieren. Sie können zum Beispiel einen Baum pflanzen oder ein Gedicht schreiben. Ganz gleich, auf welche Weise Sie sich an Ihren Liebsten erinnern möchten, ziehen Sie Trost aus der Tatsache, dass Ihnen niemand diese Erinnerungen nehmen oder die Art und Weise ungeschehen machen kann, wie der geliebte Mensch Ihr Leben berührt hat und dies auch heute noch tut.

Vertrauen Sie darauf, dass der Schmerz vergehen wird

Meine Freundin Mary litt fürchterlich, nachdem ihr Mann sie unerwartet mit sechs kleinen Kindern zurückgelassen hatte. Auch wenn die Ehe alles andere als perfekt gewesen war, so spürte Mary doch die Agonie der Einsamkeit. Aber ihr Glaube half ihr durch die schwierige Zeit hindurch, und heute ist sie ein weiserer, stärkerer Mensch.

»Wir können den Schmerz ertragen, weil er nicht ewig dauern wird«, sagt sie. Mary glaubt fest daran, dass Gewinn und Verlust zum Leben dazugehören. »Das ist ein ewiger Kreislauf, denn neue Freuden und neue Sorgen treten immer wieder in unser Leben.« Wenn Ihnen der Schmerz zu viel wird, suchen Sie Trost in dem Wissen, dass er nicht immer so intensiv sein wird wie jetzt.

Und in der Zwischenzeit geben Sie sich selbst Zeit, um zu trauern und zu heilen. Es gibt keinen festen Zeitplan, und es ist nicht nötig, ständig bis zum Umfallen beschäftigt zu sein. Wenn Sie eine Zeit lang allein sind, lernen Sie wertvolle Dinge über sich selbst, die Ihnen in einer zukünftigen Beziehung helfen werden.

Lernen Sie, das Alleinsein zu schätzen

Stephen, ein junger Freund von mir, litt unter einer ganzen Reihe gescheiterter Beziehungen. Schließlich kam er zu dieser Erkenntnis: »Es gibt einen Unterschied zwischen

»Es gibt einen Frieden,
der den Schmerz besiegt.«

Einsamkeit und Alleinsein«, sagte er. »Man muss zu der Überzeugung kommen, dass es ganz in Ordnung ist, mit sich selbst allein zu sein. Ich habe gelernt, dass ich mich wohlfühlen kann, wenn ich allein bin.«

Suchen Sie sich Aktivitäten, die Sie allein tun können und die Ihnen Befriedigung und Seelenfrieden verschaffen. Möglicherweise finden Sie Trost im Gärtnern, Malen, Musizieren, Lesen oder Spazierengehen. Die Möglichkeiten werden nur durch die Grenzen Ihrer Vorstellungskraft eingeschränkt. In der Phase des schlimmsten Verlustes sollten Sie etwas ganz Besonderes finden, das Ihnen Freude macht. Sie können den Menschen, den Sie verloren haben, niemals ersetzen, aber Sie können Trost im Alleinsein finden, wenn Sie sich damit anfreunden können. Eine stille Zeit des Gebets kann Ihnen den Wert der allein verbrachten Zeit näherbringen.

Holen Sie sich Hilfe – wenn nötig

Nach einem schweren Verlust ist es ganz normal, eine Vielzahl von Gefühlen zu spüren. Wenn Sie dauerhaft Begleitung dabei brauchen, die komplizierten Gefühle, die hochkommen können, zu erforschen und zu verarbeiten, sollten Sie sich überlegen, ob nicht ein Therapeut, eine Selbsthilfegruppe oder beides hilfreich sein könnten.

Einmal war ich in einer Selbsthilfegruppe für Arbeitslose dabei. Viele der Anwesenden waren erst kürzlich im Rahmen von Restrukturierungsmaßnahmen entlassen worden. Was für ein Schlag für das Selbstwertgefühl dieser Menschen! Aber einige fanden aufgrund der in der Gruppe geknüpften Kontakte neue Stellen, während andere vollkommen neue berufliche Wege einschlugen, die sie mehr befriedigten als die alten.

Am hilfreichsten für die Anwesenden war die Erkenntnis, dass sie nicht die Einzigen waren. Das werden auch Sie begreifen, wenn Sie mit anderen Menschen Kontakt aufnehmen, die einen ähnlichen Verlust erlitten haben wie Sie.

 Wenden Sie sich Gott zu

Mein Glaube an Gott war und ist das beste Hilfsmittel, das ich habe. Gebet und Meditation können hervorragende Wege zu innerem Frieden und Gleichgewicht sein. Wenn Sie zu aufgebracht sind, um zu beten oder still dazusitzen, denken Sie daran, dass es eine Vielzahl von ausgezeichneten spirituellen Büchern und CDs gibt.

Julia Cameron empfiehlt in ihrem Buch *Der Weg des Künstlers*, täglich drei Seiten Tagebuch zu schreiben. Sie können dabei Gespräche mit Gott führen oder einfach jenen Gefühlen freien Lauf lassen, die sich in Ihnen angestaut haben. Es kann sehr wertvoll sein, den Schmerz »zu veräußerlichen«, ihn offen zu zeigen, ihn mit Worten oder durch eine Zeichnung zu Papier zu bringen – was auch immer Ihnen als Ausdrucksform angemessen

Lasst euch

»Lasst euch durch nichts stören. Lasst euch durch nicht schrecken. Alles vergeht, nur Gott wandelt sich nie. Geduld erreicht alles. Wer Gott hat, dem fehlt es an nichts. Nur Gott ist genug.«

Teresa von Ávila

erscheinen mag. Betrachten Sie jede dieser Ausdrucksformen als ein Gebet, denn genau das sind sie.

Seit einigen Jahren gehöre ich einer Gebetsgruppe an, die sich einmal pro Woche trifft. Wir sind eine eng miteinander verbundene Gruppe aus zwölf fürsorglichen Freunden, die sich treffen, um sich einander auf hohem Niveau mitzuteilen und miteinander zu beten. Wir beten für andere und für uns selbst. »Bittet, dann wird euch gegeben«, sagte Jesus. Machen Sie sich bewusst, dass Ihnen der Geist innewohnt und dass Sie um die vielen Gaben des Geistes bitten können, um in einer Zeit des Schmerzes und Verlustes Trost und Kraft zu finden.

Bruder David Steindl-Rast, ein Benediktiner-Mönch, betont den Wert eines dankbaren Herzens. Es ist schwierig, gleichzeitig dankbar und traurig zu sein. Denken Sie einmal an die vielen Dinge in Ihrem Leben, für die Sie dankbar sein können. Mit der Zeit werden Sie möglicherweise sogar Dankbarkeit für die zugegebenermaßen schmerzhaften Lektionen empfinden, die Sie lernen, während Sie durch Ihren gegenwärtigen Schmerz hindurchgehen.

Einmal im Jahr unterziehe ich mich einer Klausur in der Abtei von Gethsemane in Trappist, Kentucky. In der herrlichen Umgebung und Abgeschiedenheit kann ich, wie der verstorbene Thomas Merton, in der Einsicht beten, dass ich auf Gott vertrauen und ohne Furcht sein kann, auch wenn ich keine Ahnung habe, wohin meine Reise geht. Gott ist immer bei mir und wird mich nicht verlassen und mich allein diesen Gefahren überlassen.

Nur Mut!

Die mutige Teresa von Ávila gab mir das Motto, nach dem ich lebe und das mein Mann für mich auf ein Armband gravieren ließ: »Alles vergeht.« Und so ist es, auch der überwältigende Schmerz, den Sie jetzt wahrscheinlich empfinden, vergeht. Es ist nur zu menschlich, sich durch Tränen Erleichterung zu verschaffen. Und diese Erleichterung wird uns ganz gewiss von dem Gott gewährt werden, der uns zuerst geliebt hat.

Erin Diehl ist Sozialpsychologin, geistliche Leiterin und freiberufliche Autorin. Sie leitet in ihrer Gemeinde eine Selbsthilfegruppe für Verwitwete.

Kapitel 9

Warum wir die Geschichte des Menschen erzählen müssen, den wir verloren haben

von M. Donna MacLeod

»Ich will meinen John nicht vergessen«, sagte Regina, während sie auf das Foto ihres Mannes starrte, das sie mit zu unserer Gruppensitzung gebracht hatte. »Aber ich habe Mühe, mich an sein warmherziges Lächeln zu erinnern und daran, wie er gelacht hat. Es scheint, als ob die Erinnerung Stück für Stück verblassen würde.«

Während Regina den Kummer mit uns teilte, der an ihrem Herzen nagte, wurde uns klar, dass ihre Liebe zu John nicht mit seinem Tod geendet hatte. Aber was macht man mit der niemals endenden Liebe, wenn der Geliebte nicht mehr da ist?

Elisabeth Kübler-Ross, eine Pionierin auf dem Gebiet der Trauer- und Sterbeforschung, fand heraus, dass das Erzählen der Geschichte des Verstorbenen diese Liebe ehrt, den Verlust leichter erträglich macht, uns Heilung bringt und Trost spendet. Dem stimme ich zu. Einige ganz besondere Menschen hörten meinen Geschichten zu, nachdem meine jüngste Tochter Erynne den Kampf gegen den Krebs verloren hatte. Durch die Gnade Gottes und ihre fürsorgliche Präsenz fand mein gebrochenes Herz Trost. Derselbe innere Frieden ist auch für Regina und Sie möglich.

Wie damit umgehen?

Der Brauch unserer Vorfahren, während der Trauerzeit Schwarz zu tragen, hatte gewisse Vorteile. So wussten die Leute, dass man vor kurzem einen wichtigen Menschen verloren hatte. Die Mitfühlenden unter ihnen konnten den Verlust anerkennen und so bestätigen, dass der Verlust bedeutend war. Gespräche mit ihnen führten häufig dazu, dass man seine Geschichte erzählte, so dass auch andere an der eigenen Trauer teilhaben konnten.

Heute sind Schmerz und Gram ebenso groß. Aber wir tragen keine schwarze Armbinde mehr, um andere Menschen auf unseren Schmerz hinzuweisen. Ohne sichtbaren Hinweis werden Menschen, die unseren Schmerz anerkennen könnten, möglicherweise darauf verzichten, weil sie uns keinen weiteren Schmerz zufügen möchten. Aber diese Sprachlosigkeit – ob gewollt oder ungewollt – lässt uns glauben, dass andere kein Interesse haben oder dass es an der Zeit ist, das Geschichtenerzählen zu lassen und weiterzumachen. Kein Wunder, dass sich so viele Menschen mit ihrer Trauer alleingelassen fühlen!

Stumm zu trauern vergrößert aber nur den Schmerz und den Gram. Wir brauchen ein Ventil für unsere Gefühle, eine Möglichkeit, die Dinge neu zu durchdenken, eine Chance anzuerkennen, dass auch unsere Seele leidet. Wir können durch die Trauer hindurchgehen, aber der Schlüssel dazu besteht im Erzählen der Geschichte. Wir wollen uns nun einige Möglichkeiten ansehen, wie wir das tun können.

 Finden Sie einen guten Zuhörer

Wenn Sie von Gram erfüllt sind, wird nicht irgendein Zuhörer Ihre Bedürfnisse erfüllen können. Sie brauchen jemanden, der bereit ist, sich Ihrem Schmerz und Ihrem Leid zu stellen und sich auf fürsorgliche Weise mit hineinzubegeben. Eine gute Zuhörerin zeigt Ihnen mit einem Nicken, durch behutsamen Augenkontakt oder eine liebevolle Berührung, dass Sie sich die Zeit nehmen können, das zu sagen, was Sie zu sagen haben. Tränen stören eine

Gib Worte

»Gib Worte deinem Schmerz: Gram, der nicht spricht, presst das beladene Herz, bis dass es bricht.«

William Shakespeare: *Macbeth*, Akt IV, 3. Szene

solche Zuhörerin nicht, denn sie weiß, dass durch das Weinen die schmerzhaften Gefühle der Gram gelindert werden.

Wenn ein guter Zuhörer spricht, dann um Ihren Schmerz anzuerkennen, Ihre Versuche, damit fertigzuwerden, zu würdigen oder um seine Wertschätzung für Sie als Mensch zu zeigen. Ein guter Zuhörer ist willens, dieselbe Geschichte immer wieder zu hören, bis Sie die einzelnen Puzzleteile zusammengefügt und einen Sinn darin gefunden haben. Manchmal verstehen Sie die Geschichte, die tief in Ihrem Herzen verborgen ist, nur, indem Sie die richtigen Worte sprechen. Haben Sie keine Angst, Ihre Geschichte Gott zu erzählen, dem großen Zuhörer, der allein Ihr verletztes Herz und Ihre Seele heilen kann.

 Schreiben Sie die Geschichte nieder

»Ich hätte nie auch nur ein Wort über Tommy, meinen Sohn, geschrieben, der in Afghanistan fiel«, erzählte Teresa der Gruppe, »aber meine Tochter Janine heiratete einen wunderbaren Mann, der alles über ihre Kindheit mit Tommy wissen wollte. Das Schreiben hilft mir, mich auf die guten Zeiten zu konzentrieren.« Durch das Aufschreiben entdeckte Teresa eine Möglichkeit, liebgewordene Erinnerungen wachzurufen. Indem sie aus der Perspektive einer Mutter schrieb, konnte ein neues Familienmitglied Zugang zur Familiengeschichte finden. Zudem erleichterte

Die Erinnerung

»Die Erinnerung ist das Schatzhaus und der Hüter aller Dinge.«

Marcus Tullius Cicero: *De Oratore*

ihre Handlung es anderen, ihre eigenen Geschichten zu erzählen.

Möglicherweise möchten Sie lieber Ihrem lieben Verstorbenen einen Brief schreiben, in dem Sie ihm all das sagen, was Sie ihm nicht mehr sagen konnten. Sie können aber auch einen tröstenden Brief an jemanden schreiben, der ebenfalls einen großen Verlust erlitten hat. Oder Sie führen Tagebuch über Ihre Reise durch den Gram. Gestatten Sie einfach dem Geist, der Ihnen innewohnt, durch das Herz zu sprechen.

An Feiertagen und an den Jahrestagen ihrer Geburt und ihres Todes schreibe ich Erynne. Manchmal ist es eine kurze Notiz, manchmal ein Brief, ein Gedicht oder ein kleine Geschichte aus ihrem viel zu kurzen Leben. Die Sammlung ist voller Liebe zusammengestellt. Die Traurigkeit, die die Freude, sie kennengelernt zu haben, erstickt haben könnte, wurde zu einem Akt der Gnade und des Wachstums, das auch nach vielen Jahren noch weitergeht. Fürchten Sie sich also nicht, einen Stift in die Hand zu nehmen oder auf der Tastatur herumzuhämmern, denn es wird Ihnen helfen zu heilen.

 Seien Sie kreativ

»Ich liebe es«, sagte Angela und hielt ein Dekokissen in die Höhe, so dass jeder in der Runde seinen kunstvoll bestickten Bezug sehen konnte. »Ich habe es aus Teds Lieblingshemd gemacht, von dem ich mich einfach nicht trennen konnte.« Aus der Art und Weise, wie sie mit den Fingern über die sauber aufgenähten Stoffflicken fuhr, konnte man sehen, dass ihr das Kissen großen Trost spendete. In Zeiten tiefer Trauer hatte sie etwas von ihm, das sie an sich pressen und ganz nah an ihrem Herzen haben konnte.

Vielleicht haben Sie ja eine besondere Begabung, die Essenz des von Ihnen geliebten Menschen einzufangen. Möglicherweise haben Sie ja ein Fotoalbum für die Trauerfeier gemacht. Nun ist es an der Zeit, es in ein Einklebebuch zu verwandeln und Artikel hinzuzufügen, die Ihren Erinnerungen Gestalt verleihen.

Sie können sich auch überlegen, wie Sie etwas ehren können, das Ihr Geliebter sehr gemocht hat. Das kann der Ehering sein, die Lieblingspfeife, ein Medaillon, ein Fußballschal, eine Bibel, ein Gebetszettel oder irgendein Sammlergegenstand. Jack erzählte uns vom Rosenkranz seines Vaters und sagte: »Ich lege ihn auf den Nachttisch, damit ich nicht vergesse, vor dem Schlafengehen zu beten, wie er es tat. Ich denke, er würde lächeln, wenn er wüsste, dass ich wie er werde.«

Vielleicht werden Sie durch etwas inspiriert, für das der von Ihnen geliebte Mensch berühmt war. Bertha erzählte, dass ihre Mutter eine großartige Köchin gewesen sei. »Nach ihrem Tod entdeckte ich ihre geheimen Rezepte auf alten Karteikarten. Ich tippte sie für meine Schwestern als Weihnachtsgeschenk ab. Wenn jetzt die ganze Familie

Stark wie

»Stark wie der Tod ist die Liebe ...«

Hoheslied 8,6

an einem Feiertag zusammenkommt, feiern wir mit den Gerichten meiner Mutter und erzählen uns unsere Lieblingsgeschichten von ihr.«

Der Gram kann Sie jeglicher Energie berauben, so dass Sie unfähig sind, auch nur einen kreativen Gedanken zu denken. Seien Sie also lieb zu sich selbst. Vielleicht sind Sie ja nicht in der Lage, ein ganz besonderes Kissen zu nähen oder nach Geheimrezepten zu suchen, aber Sie können eine Kerze für die verstorbene Person anzünden oder Ihren Frieden finden, indem Sie sich in den Lieblingssessel des Toten setzen. Jede Handlung, die den Menschen, den Sie verloren haben, anerkennt, kann Ihre Stimmung etwas heben.

Ehren Sie den lieben Verstorbenen

Sie können das Leben des Menschen, der von Ihnen gegangen ist, zelebrieren, indem Sie mit anderen feiern. Alice berichtete uns: »Es ist Jahre her, seit unser kleiner Johnny gestorben ist, aber unsere Familie versammelt sich immer noch an seinem Geburtstag um eine Torte mit Kerzen.« Bei besonderen Anlässen können Sie einen Trinkspruch auf den Verstorbenen ausbringen, Blumen aufs Grab legen oder dorthin bringen, wo die Asche verstreut wurde, zur Andacht gehen, um für Ihr gemeinsames Leben Dank zu sagen, oder einen Gedenkgottesdienst, eine Hinterbliebenengruppe oder einen heiligen Ort besuchen. Sie können auch den Namen Ihres lieben Verstorbenen an einer Wand des Gedenkens, dem Holzsteg zu Ihrem Lieblingsstrand oder auf einer Bank an einem Schrein eingravieren lassen.

Sie können den Verstorbenen auch dadurch ehren, dass Sie einmal im Jahr etwas Besonderes für die Gemeinschaft tun. Meine Familie macht das so. Zum Gedenken an Erynne organisiert ihr Onkel Colin alljährlich eine Spendensammlung zugunsten der Krebshilfe. Jeden Herbst geht meine älteste Tochter Meganne mit ihrer Familie zu dem Kinderkrankenhaus, in dem Erynne behandelt wurde. Das bringt Spendengelder für kranke Kinder und ermöglicht es neuen Familienmitgliedern, an Megannes Liebe zu ihrer Schwester teilzuhaben.

Etwa ein Jahr, nachdem Erynne gestorben war, half mir mein Mann Bryan, eine kirchliche Trostgruppe zu organisieren, die es sich zur Aufgabe gemacht hat, Menschen in seelischer Not zu helfen. Sie können nicht wissen, wohin das Erzählen der Geschichte führen wird.

Nur Mut!

Die Geschichte des Menschen zu erzählen, den Sie verloren haben, ist eine geeignete Möglichkeit, das Leben und die Liebe zu ehren, die Sie miteinander geteilt haben. Während Sie im festen Glauben auf das Kommen von Gottes Reich warten, sollen Ihnen die Worte des heiligen

Johannes Chrysostomos Mut machen: »Jene, die wir lieben und verlieren, sind nun nicht mehr, wo sie vorher waren. Nun sind sie immer dort, wo auch wir sind.«

M. Donna MacLeod ist Autorin von Seasons of Hope Guidebook: Creating and Sustaining Catholic Bereavement Groups *und* Companion Participant Journals *(Ave Maria Press). Zudem hat sie zahlreiche CareNotes and PrayerNotes zum Thema »Gram« geschrieben.*

Die Autoren

Bruder Silas Henderson, O.S.B., ist ein Benediktinermönch in Saint Meinrad, USA. Er hat einen Bachelor-Abschluss in Philosophie und arbeitet als Musiker bei seiner Kirchengemeinde. Außerdem ist er bei Abbey Press tätig, wo er als Herausgeber für zahlreiche spirituelle Werke fungiert.

Linus Mundy war jahrelang Verleger bei Abbey Press und ist Gründungsdirektor des Verlags One Caring Place. Als Autor zahlreicher Bücher für Kinder und Erwachsene hat er Titel wie die *Care Notes* und *Elfenhelfer* ins Leben gerufen, die viele Menschen auf ihrem Weg begleitet haben.

128 Seiten, gebunden
ISBN 978-3-89845-365-3
€ [D] 12,95

Elisabeth Kübler-Ross

Über den Tod und das Leben danach

»Ich glaube, es ist jetzt Zeit, dass die Leute wissen, dass der Tod gar nicht existiert, wenigstens nicht so, wie wir uns das vorstellen.«

Die Schweizer Ärztin Dr. Elisabeth Kübler-Ross wurde für ihre wissenschaftlichen Arbeiten von mehreren Universitäten mit einem Ehrendoktortitel ausgezeichnet. Die Sterbeforschung hat durch ihre Bücher an besonderer Aktualität gewonnen, wie auch in der Sterbehilfe durch ihre eindringlichen Appelle neue Akzente gesetzt wurden.

»Sterben ist nur ein Umziehen in ein schöneres Haus.«

128 Seiten, 2-farbig, broschiert
ISBN 978-3-96933-025-8
€ [D] 12,00

Jen & Hendrik Lind

Trosthelden helfen – Trauernde erzählen

Immer noch da – immer noch nah

Da ist dieses Lied, das plötzlich überall läuft, der Fremde der vertraute Dinge zu uns sagt oder seltsame Begegnungen im Traum. Alles Zufall oder sind das »liebe Grüße von oben«? Wenn sich nach dem Tod eines geliebten Menschen unerklärliche Dinge ereignen, werden solche Fragen laut. Nur spricht fast niemand davon obwohl solche Ereignisse oft vorkommen.

Die Autoren haben wundersame Geschichten zusammengetragen, die beweisen dass es zwischen Himmel und Erde mehr gibt als wir denken und geben Tipps um die Wahrnehmung zu schulen, und so die Zeichen Verstorbener zu erkennen und Trost darin zu finden.

152 Seiten, broschiert
ISBN 978-3-89845-397-4
€ [D] 12,95

Trutz Hardo

Hab keine Angst vor dem Tod

Was die Forschung herausgefunden hat

Die Frage nach dem, was nach dem Tod kommt, beschäftigt uns alle, und wir fragen uns, ob er das Ende ist, ob es ein Leben nach dem Tod gibt und wie dieses aussieht. Trutz Hardo zeigt uns hier auf beeindruckende Weise, dass es nach dem Tod weitergeht. Er präsentiert die erstaunlichen Ergebnisse der Nahtodforschung bekannter Ärzte wie Elisabeth Kübler-Ross und Raymond Moody und schildert auch die bewegenden Nahtoderlebnisse vieler Menschen. Dieses Buch gibt einen Überblick über die Forschungsergebnisse auf dem Gebiet des klinischen Todes, die beweisen, dass der Tod nicht das Ende ist ...

160 Seiten, 2-fbg., broschiert
ISBN 978-3-89845-632-6
€ [D] 15,00

Dorothea Stockmar

Begegnung zwischen den Welten

Was uns über den Tod hinaus verbindet

Den Weg der Trauer beenden und in Verbundenheit leben.
Nachtodkontakte mit geliebten Menschen können nicht nur viel Trost schenken, sondern auch das Bewusstsein und das Herz weiten.
Als Dorothea Stockmar ihren Sohn verlor, begann für sie eine neue Zeitrechnung. Sie beschreibt ausdrucksstark und einfühlsam ihre Sehnsucht nach ihrem verstorbenen Kind und ihre sich wandelnde Einstellung zu ihrer Trauer. Sie zeigt , dass es etwas gibt, was uns über den Tod hinaus mit den geliebten Menschen verbindet.

336 Seiten, broschiert
ISBN 978-3-89845-609-8
€ [D] 18,00

Marie Johanne Croteau-Meurois

Der unerwartete Tod und die Geburt in den Himmel

Erfahrungen einer Seelenbegleiterin

Was geschieht, wenn jemand ganz plötzlich aus dem Leben gerissen wird? Anhand von 12 authentischen Zeugnisse von Verstorbenen, die dieses Leben oft unter dramatischen Umständen verlassen haben, gibt Marie Johanne Croteau-Meurois tiefe Einblicke in Bewusstseinszustände »an der Schwelle «.
Dieses mit großem Mitgefühl geschriebene und inspirierende Buch ist ein Quell des Trostes und der Hoffnung. Es eröffnet eine ganz neue Sicht auf den »Sinn des Lebens« und die Frage, wie es »nach dem Tod« weitergeht ...

160 Seiten, 2-fbg., broschiert
ISBN 978-3-89845-465-0
€ [D] 12,95

Cheryl Eckl

Kraft aus der Trauer

Ein heilsamer Begleiter

Nach dem Tod eines geliebten Menschen können wir Trost in der Trauer finden, wenn wir den Weg durch diese schwere Zeit ganz bewusst gehen.
Cheryl Eckl, die ihren Ehemann Stephen verloren hat, schildert in diesem Buch offenherzig ihre eigene tiefe Trauer und lässt uns an ihren Erkenntnissen über Selbstliebe, Kraft und Hoffnung teilhaben. Sie zeigt uns, wie sie den Prozess des Loslassens bewältigte und ermutigt uns, die Vergangenheit und die Gegenwart zu integrieren und in unserer Trauer auch wieder Freude zuzulassen. Mit diesem einfühlsamen, tröstenden und heilenden Ratgeber muss der Weg zur Heilung nicht einsam sein.

200 Seiten, Flexocover
ISBN 978-3-89845-464-3
€ [D] 16,95

Galen Stoller

Mein Leben nach dem Leben

Die Jenseitsmemoiren des Galen Stoller

Galen Stoller, ein amerikanischer Junge, der mit 16 Jahren ums Leben kam, berichtet in diesem Buch über sein Leben auf der anderen Seite des Schleiers und gibt tiefe Einblicke in das Wesen des Jenseits. Diese himmlischen Informationen vermitteln uns Wahrheiten über das Wesen und den Sinn des irdischen Lebens, sie helfen uns bei der Suche nach uns selbst und führen uns den Wert des Lebens eindringlich vor Augen.

168 Seiten, Klappenbr.
ISBN 978-3-89845-346-2
€ [D] 12,90

Karl F. Neu

Über den Tod und das Leben im Jenseits

Über den Tod und das Leben im Jenseits – ein faszinierender Einblick in das Leben, das uns nach dem Tod erwartet. Ausgehend vom Prozess des Sterbens führt der Autor in die Geheimnisse der tibetischen und ägyptischen Totenbücher ein und vergleicht deren Erkenntnisse mit eigenen Nahtoderfahrungen. Er zeigt den Weg der Seele nach dem Tod und ihren Übergang in eine lebendige, geistige Welt.
Ein wichtiges und klares Buch für alle, die mehr über den Übergang »Tod« als Bestimmung des Menschen erfahren möchten.

Weiterführende Informationen zu
Büchern, Autoren und den Aktivitäten
des Silberschnur Verlages erhalten Sie unter:
www.silberschnur.de

Natürlich können Sie uns auch gerne den
Antwort-Coupon aus dem beiliegenden
Lesezeichenflyer zusenden.

Ihr Interesse wird belohnt!